8

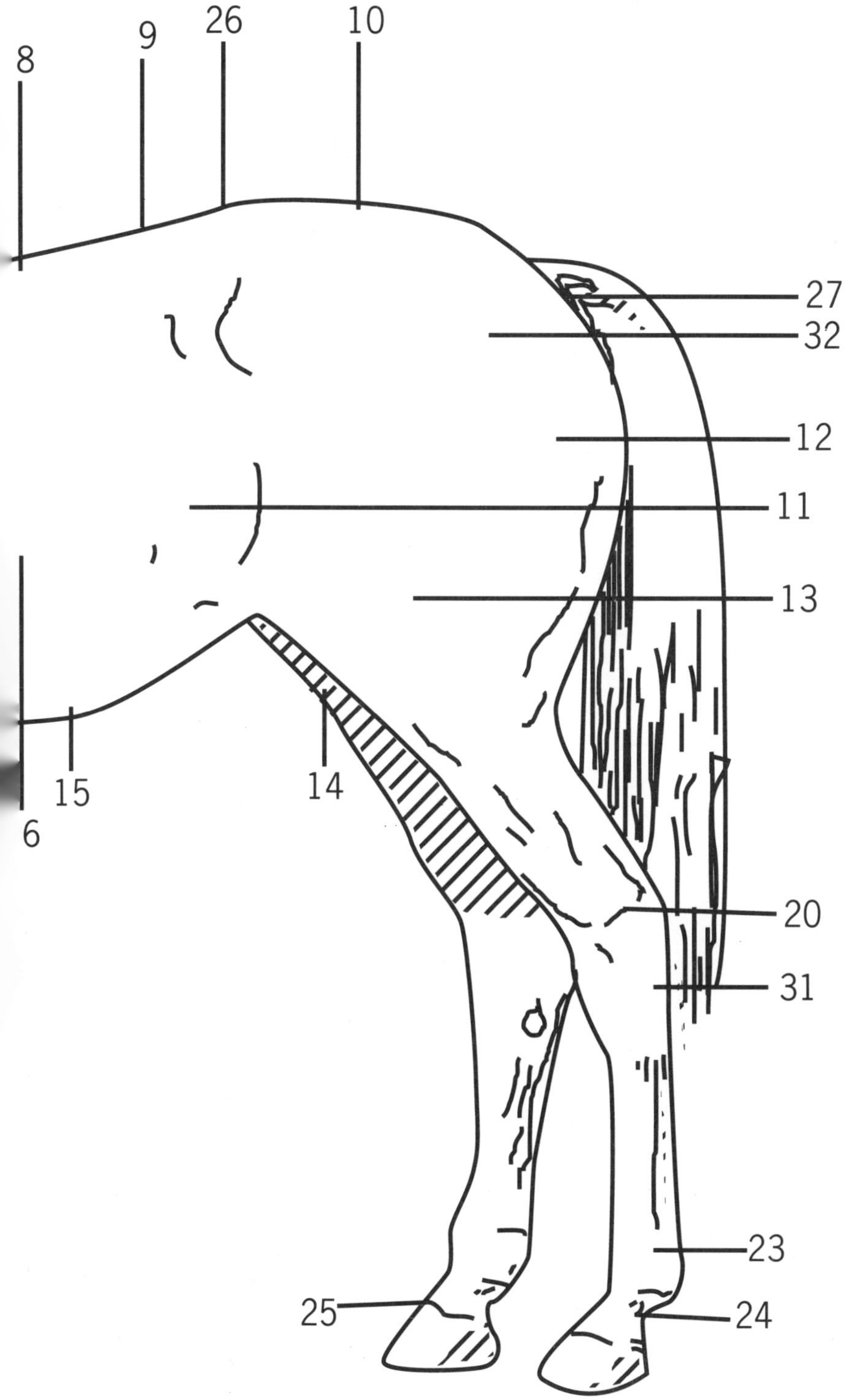

9

26

10

27

32

12

11

13

15

14

6

20

31

23

25

24

REITEN

perfekt gelernt

Lucy Rees

Aus dem Englischen übersetzt von Anja Asmus.
Titel des englischen Originals: Riding The True Techniques, erschienen bei Roxby Paintbox Company Ltd., 126 Victoria Rise, London SW4 0NW. Copyright © 1991 by Roxby Paintbox Company. Text Copyright © 1991 by Lucy Rees. – Deutsche Ausgabe: © 1993 by Müller Rüschlikon Verlags AG, Cham. Sämtliche Rechte der Speicherung, Vervielfältigung und Verbreitung in deutscher Sprache sind vorbehalten. ISBN 3-275-01044-1 – 1/6-93. Printed and bound in Spain

Danksagung

Ein ganz besonderer Dank für ihre Freundlichkeit, Geduld und ihren Großmut bei unseren Diskussionen gebührt:
Francisco Concella d'Abreu, Anadia, Portugal; Moisie Barton, Shrewton, Wiltshire; Pam und Paul Brown, Zara Trading Centre, Sidlesham; Richard Eastwood, Cwm Pennant; Susie Elwes, Roxby Press; W.H. Giddens Saddlers Ltd, London; Ann Gittins, Dolgellau; Sylvia Loch, Sudbury; Pamela Price, Beddgelert; Carlos Eurico Marques, Estarreja, Portugal; Eleanor Russell, Cardiff; Sheelagh Stephens, Llandecwyn; Mike Tytherleigh, Wrexham.

Reiter

Marco Marques 1, 3, 12–13, 50, 57, 114–5, 117; Edward Boon 7; Pam Brown 14–15, 54–5, 71, 82–3, 89, 140–7; Emily Marshall 16–17, 28–9, 34–5, 46–7, 58, 64–5, 94, 100–1, 130–1; Jonty Evans 18–19, 32–3, 52–3; Seamus O'Neill 20–1; Louise Gittins 22–3, 80, 84–9; Ann Gittins 24–5, 30–1, 40–1, 60–1, 74–7, 106–7, 110; Cader Voltigiergruppe 26–7, 40–5; Tonia Tardival 36–7; Dylan Marshall 39, 46–7, 67–8, 85, 94; Harriet Stephens 40; Caroline Todd 59, 128, 136–7; William und Megan Gritten 62; Geoff Edwards 63, 98–9, 105, 112–3, 120–2; Louise Barton 86, 90–1, 128–9, 132–7; Heron Evers 92, 123; Lucy Price 105, 108, 118–9; Eurico Marques 116.

Fotonachweis

Antony Parks 8–11, 20–3, 26–7, 30–3, 46–53, 66–73, 78–9, 82–9, 92–3, 96–9, 102–7, 112–3, 120–3, 138–9, 148–9, 150–3; Charles Best 14–15, 24–5, 52–5, 58–61, 70–1, 74–7, 86–9, 90–1, 124–5, 128–9, 132–7, 140–51; Steve Peake 26–7, 38–45, 58–9, 62–9, 84–5, 94–5, 100–1, 104–5, 108–11, 118–9, 130–1, 148–9; Lucy Rees 12–13, 56–7, 115–9, 122–3.

Pferde

Lipizzaner × Welsh Cob 6, 16, 27–8, 34, 40, 48, 64, 72, 78, 92, 96, 100, 123, 148, 150, 154.
Welsh Ponies 9, 46, 138.
Araber-Kreuzungen 10, 36, 38, 50, 62, 66, 68, 72, 78, 84, 102, 153.
Araber 12, 54, 70, 82, 104, 140–5.
Vollblüter 18, 20, 32, 52, 108.
Lipizzaner 22, 30, 60, 72, 76, 80, 106, 110.
Connemara 26, 40, 42, 44.
Lusitano 56, 62, 98, 104, 112, 114, 117, 120, 122.
Hannoveraner 59, 118.
Vollblüter × Connemara 59, 86, 90, 124–9, 134, 136.
Saddlebred × Quarter Horse 89, 146.
Welsh Cob 95, 130.
Anglo-Araber 116
Hunter 133.
Achal-Tekkiner 152.

Inhaltsverzeichnis

Partnerschaft

Mensch und Pferd sind zwei völlig verschiedene Lebewesen. Jedes vergnügt sich auf seine eigene Art und Weise, jedes empfindet Furcht in unterschiedlichen Situationen, jedes sieht die Welt mit anderen Augen und jedes lebt sein Leben. Trotzdem agieren ein guter Reiter und sein Pferd mehr wie ein, nicht wie zwei Lebewesen. Die Hilfen des Reiters und die Bewegungen des Pferdes scheinen miteinander zu verschmelzen. Wie erlernt man das? Was soll man eigentlich unter »Reiten« überhaupt verstehen?

Reiten ist eine Partnerschaft. Das Pferd stellt dem Reiter seine Kraft, Schnelligkeit und Anmut zur Verfügung, denn darin übertrifft es den Reiter. Der Reiter gibt seinem Pferd dafür Anleitung, Intelligenz und Verständnis, denn darin ist er dem Pferd überlegen. Zusammen können sie eine Vollkommenheit erlangen, die jeder alleine niemals erreichen könnte.

Besteht Harmonie zwischen den Partnern, kommt es zu einer gegenseitigen Verstärkung der Fähigkeiten. Ein gut gerittenes Pferd wird schöner, seine Bewegungen ausdrucksstärker und eleganter. Ein wahrer Reiter wird achtsamer, weiser und einfühlsamer. Diese Harmonie zu erlangen, das sollte das Ziel eines jeden Reiters sein, für welche Sparte der Reiterei er auch immer sich entscheidet.

Auf den ersten Blick erscheint es unwahrscheinlich, daß zwei derart verschiedene Lebewesen so eng zusammenarbeiten können, doch gibt es auch Übereinstimmungen. Pferde und Menschen leben und arbeiten mit anderen Lebewesen zusammen, denn sie sind Herdentiere. Sie lieben Belohnungen und Lob; sie hassen lautes Anschreien und Bestrafung, vor allem dann, wenn letzteres erfolgt, nur weil Furcht empfunden wird oder etwas nicht verstanden worden ist.

Ein Pferd verfügt nicht über die mentale Kapazität eines Menschen, daher versteht es oft nicht, was es tun soll und warum. Doch trotz seiner großen physischen Stärke und Energie, ist es ein sensibles, friedliebendes Wesen. Und diese Sensibilität macht eine Partnerschaft zwischen Mensch und Pferd überhaupt erst möglich, allerdings muß dazu auch der Mensch über ein gewisses Maß an Einfühlsamkeit verfügen. Wenn ein Mensch nicht spürt, was ein Pferd macht oder seine Signale nicht bemerkt, wird es seinen Reiter bald ignorieren, genauso, wie wir recht schnell auf die Zusammenarbeit mit einem Menschen verzichten, der uns überhaupt nicht zuhört. Ein schlecht gerittenes Pferd versucht, seinem ungeschickten Reiter zu entkommen. Gelingt ihm das nicht, wird es störrisch, unsensibel und stumpft völlig ab.

Zwei große Feinde der Sensibilität sind Spannung und Unkenntnis. Steht man unter Spannung, leiden sowohl die Feinfühligkeit als auch die exakte Bewegungskoordination. Auf einem Schwebebalken ist es leicht, die Balance zu halten, solange man ruhig ist; im erregten Zustand bemerkt man den Verlust des Gleichgewichts erst, wenn es fast zu spät ist, die Muskulatur verkrampft sich, statt locker zu sein; man fängt an zu schwanken, ein Sturz ist unvermeidlich. Die Geschmeidigkeit ist verlorengegangen. Gleiches gilt für das Reiten; auch auf verspannte Pferde trifft diese Theorie zu.

Je mehr Sie von Ihrem Partner lernen, sowohl vom Boden als auch auf seinem Rücken, desto entspannter werden Sie in seiner Gesellschaft sein. Beobachten Sie ihn, lernen Sie, die Signale zu erkennen, mit denen er Zufriedenheit, Verärgerung, Unsicherheit und Furcht ausdrückt; finden Sie heraus, wie und wo Ihr Partner am liebsten angefaßt werden mag und wie Sie ihn durch leichten Druck veranlassen können, herumzugehen. Erkunden Sie seine Reaktionen, und denken Sie über das nach, was Sie herausfinden. Sie werden schon bald feststellen, daß Pferde erregte Menschen nicht mögen: Lernen Sie, sich so zu geben, daß Ihr Partner Sie akzeptiert, dann wird er zufrieden mit Ihnen arbeiten. Wenn Sie mit dem Reiten beginnen, machen Sie nicht zu viel auf einmal, denn sonst können Sie sich nicht entspannen und fühlen, was mit Ihnen passiert. Je mehr Zeit Sie darauf verwenden, die Grundideen zu begreifen und umzusetzen, desto schneller werden Sie später weiterkommen.

Dieses Buch ist so konzipiert, daß Sie in einzelnen Schritten lernen können. Jeder Abschnitt behandelt ein wichtiges Prinzip, dabei wird zunächst das Pferd betrachtet, wie es sich frei bewegt, dann, wie der Mensch diese Bewegungen beeinflußt und schließlich, wie das ganze in die Praxis umgesetzt werden kann. Es empfiehlt sich, jeden Abschnitt auf einmal durchzulesen, um dem Gedankengang folgen zu können. Die Fotos sind speziell dazu gemacht worden, Ihnen zu helfen, das, was Sie sehen und fühlen, zu verstehen. Um sie sinnvoll zu nutzen, achten Sie besonders auf das natürliche Gleichgewicht des Pferdes und darauf, wie sich Rücken und Hinterbeine bewegen.

Die Welt des Pferdes

Das Pferd ist nicht zum Vergnügen des Menschen auf der Erde. Auch wenn es zu diesem Zweck gezüchtet wird, kann man nichts an der Tatsache ändern, daß es sich, wie andere Tiere, in Anpassung an einen ganz bestimmten Lebensraum entwickelt hat, dabei spielte der Mensch überhaupt gar keine Rolle. Sein Kampf ums Überleben formte die Psyche und das Verhalten des Pferdes genauso wie seinen Körper. Nur wenn Sie die Welt von diesem Standpunkt aus betrachten, werden Sie Ihren Partner verstehen.

Diese Herde zäher, kleiner Pferde lebt natürlich, in einer weitläufigen Gebirgsregion. Sie haben ein reichhaltiges Nahrungsangebot bestehend aus Gräsern, Kräutern, Sträuchern und Bäumen. Der Rappe ist ein Hengst; die anderen Pferde sind Stuten und Jungtiere. Wenn es irgendwie möglich ist, schließen Pferde sich immer zu Gruppen zusammen. Dieses Verhalten resultiert aus der Urangst vor Raubtieren, vor langer Zeit waren sie Beutetiere für Wölfe, Löwen und Tiger, selbst die domestizierten Pferde legen dieses Verhalten nie vollständig ab. Sie fühlen sich einfach sicherer, wenn andere Artgenossen sie vor Gefahren warnen werden, während sie selber dösen oder fressen.

Der Hengst, immer das aufmerksamste Pferd, hat weit entfernt ein mögliches Raubtier entdeckt. Die Stuten links im Foto bemerken sein Interesse und drehen ihre Köpfe ebenfalls in die Richtung, um nach einer möglichen Gefahr Ausschau zu halten. Pferde entdecken unglaublich schnell Anzeichen für Nervosität oder sich anbahnende Gefahren, ihre erste Reaktion ist immer Flucht. Deswegen sollte man beim Umgang mit Pferden stets Ruhe bewahren! Wie andere Pflanzenfresser sind sie von Natur aus keine Kämpfer, zur Selbstverteidigung fehlt ihnen auch eine wirksame Waffe, sie vertrauen auf eine blitzschnelle Flucht.

Pferde begeben sich zum Ruhen gerne auf höher gelegene Plätze (wie auf dem Foto), von dort können sie Gefahren schon frühzeitig erkennen. Eingesperrt zu sein, womöglich noch ganz alleine, ist für Pferde absolut unnatürlich. Viele von ihnen aber werden dazu gezwungen, sich daran zu gewöhnen, aber sie leiden darunter. Der Mensch als Höhlenbewohner vergißt nur allzu leicht, daß Pferde sich sicherer fühlen und entspannter sind, wenn sie wissen, daß sie die Möglichkeit zur Flucht haben.

Zum Fliehen braucht ein Lebewesen gesunde Füße, Pferde achten ganz besonders sorgsam auf ihre Hufe. Sie vermeiden es, auf irgendetwas zu treten, das ihre Hufe beschädigen oder wo sich eventuell ein Huf verfangen könnte, z.B. sumpfige Stellen, Felsen,

hohlklingende Brücken, Draht oder heruntergefallene Reiter. Sie benutzen gerne vertraute Pfade, von denen sie wissen, daß sie sicher sind. Kreuz und quer über diesen Berg ziehen sich schmale Wechsel, die den Pferden so vertraut sind, daß sie, wenn sie müßten, diesen selbst in der Dunkelheit im gestreckten Galopp folgen könnten.

Die Herde hat ein Leittier (hier ist es die Stute links im Bild mit der hellen Mähne), gewöhnlich eine ältere Stute, mutig und lebenserfahren, die die Herde zu neuen Weidegründen führt, zur Tränke oder zu geschützten Plätzen. Die jüngeren und schüchterneren Pferde vertrauen ihr und folgen bereitwillig ihrer Führung. Der Hengst hat die Aufgabe, die Herde zusammenzuhalten und andere Hengste daran zu hindern, Stuten zu stehlen. Einige Pferde bleiben sowieso immer dicht beisammen: Unter Pferden werden sehr enge Freundschaften geschlossen. Die zwei Stuten rechts im Bild beknabbern sich gegenseitig den Hals, diese Fellpflege ist ein Ausdruck von Zuneigung. Enge Freundschaften kann man oft bei domestizierten Pferden beobachten. Werden mehrere Pferde zusammen gehalten, entwickelt häufig ein Pferd besonders aggressive Verhaltensweisen, wenn es um Futter oder Zuwendung geht. Die anderen Pferde versuchen,

diesem »Bully« aus dem Weg zu gehen. Unter natürlichen Bedingungen findet man allerdings selten »Bullies«, denn eigentlich gibt es selten etwas, um das gekämpft werden muß.

Auch Sie können für ihr Pferd »Bully«, – Anführer – sein. Wenn Sie es unterdrücken, wird es versuchen, Ihnen aus dem Weg zu gehen, obgleich es wahrscheinlich gehorcht, wenn es keine Fluchtmöglichkeit sieht. Sind Sie ein guter Freund, weise, vertrauenswürdig und ruhig, wird Ihr Pferd Ihnen durch dick und dünn folgen, ohne daß Sie es zwingen müssen. Pferde sind von Natur aus Herdentiere. Für ein Pferd ist ein Freund derjenige, der die ganze Zeit bei ihm ist. Das ist bei Ihnen kaum der Fall, es sei denn, Sie reisen zusammen. Wenn Sie aber die Freundschaft weiter ausbauen wollen, beachten Sie, daß Pferdefreunde sich gegenseitig berühren, beknabbern und sich aneinander scheuern (sie füttern sich übrigens nicht gegenseitig mit Leckerbissen).

Wie andere Tiere, die in Gruppen leben, können Pferde ihre Gefühle auf verschiedene Weisen ausdrücken. Allein die Körperhaltung des Hengstes signalisiert seinen Stuten, daß etwas Ungewöhnliches passiert ist. Würden sie ihn nicht beachten, würde er mit erhabenen Bewegungen auf sich aufmerksam machen. Ihr Pferd wird sich Ihnen gegenüber genauso verhalten. Falls es nicht bereits gelernt hat, daß der Versuch, mit Ihnen zu kommunizieren, zwecklos ist, wird Ihr Pferd sich mit Ihnen in derselben »Sprache« verständigen wie mit anderen Pferden. Mit seinen Ohren, seiner Mimik, seinem Schweif, mit Körperhaltungen, Bewegungen und Lautäußerungen signalisiert das Pferd Spiellaune, Langeweile, Furcht und Verärgerung. Um seinen Pferden ein Freund zu sein, muß man lernen, diese Signale zu erkennen und die Ursachen dafür herauszufinden.

Von großer Bedeutung ist es auch, sich bewußt zu machen, daß die Augen eines Pferdes nicht so funktionieren wie unsere. Um nahe oder entfernte Objekte scharf sehen zu können, muß das Pferd seinen Kopf bewegen können. Kann es seinen Kopf beim Anreiten eines Hindernisses nicht heben, oder darf ihn nicht senken, wenn es über schwieriges Gelände gehen soll, kann es nicht genug erkennen und weigert sich unter Umständen, weiterzugehen. Beim Reiten oder Führen eines Pferdes sollte sein Kopf immer frei sein, wenn nicht, ist es halbblind.

DAS ERSTE PRINZIP
Frei vorwärts

Das erste Prinzip beim Reiten ist die freie Vorwärtsbewegung. Nur ein Pferd, das frei vorwärtsgeht, kann seine Kraft, Energie und Anmut voll zur Geltung bringen und somit seine Rolle in der Partnerschaft optimal erfüllen, was für Sie wiederum von Vorteil ist.

Das Pferd auf der Fotoserie rechts galoppiert frei. Obwohl es sich auch in einer langsamen Gangart frei bewegen kann, kann man die körperlichen Veränderungen am besten in einer schnellen Gangart beobachten. Dargestellt ist ein vollständiger Galoppsprung.

Am Anfang ist das Pferd gespannt wie eine Sprungfeder, die Nüstern sind leicht zurückgenommen. Nach der halben Bewegung ist sein Körper gestreckt; danach nimmt sich das Pferd wieder selber auf, um die nötige Versammlung für den nächsten Galoppsprung aufzubauen.

Im Galopp setzt das Pferd alle Hufe einzeln auf, ein Hinterfuß beginnt. Die Hinterbeine bringen den Schub nach vorwärts. Bewegt es sich frei, egal in welchem Tempo, fußen die Hinterbeine immer weit unter dem Körper. Dabei hebt sich der Rücken, wölbt sich und die Kruppe senkt sich. Man sieht, wie sich die Hüfte hebt, wenn das Hinterbein zu tragen anfängt. Für einen kurzen Moment tragen die Hinterbeine das ganze Gewicht, mit einer fließenden Bewegung bringt das Pferd dann seinen Körper nach vorne auf die ausgestreckten Vorderbeine. Man sieht, wie das Pferd seinen Schwerpunkt von hinten nach vorne und wieder nach hinten bringt. Auch ist deutlich zu erkennen, wie es sich vermehrt aufrichtet, wenn sich der Rücken wölbt, und wie es den Hals streckt, wenn es mit den Vorderbeinen ausgreift.

Wenn Sie dieses Pferd reiten sollen, dürfen Sie keineswegs den Bewegungsrhythmus beeinflussen, sonst geht die Natürlichkeit verloren. Sie müssen so unabhängig sitzen, daß Sie das Pferd nicht aus dem Gleichgewicht bringen, auch nicht, wenn sich sein Rücken auf und ab bewegt. Sie müssen mit den Bewegungen des Pferdes mitschwingen, sich anpassen: dem Auf und Ab des Rückens, dem Schub aus der Hinterhand, den Bewegungen von Hals und Kopf.

Das Pferd ist ein Athlet. Mit einer steifen, unausbalancierten Last auf dem Rücken kann es sich nicht frei bewegen. Gleiches gilt übrigens für Sie, wenn Sie ein kleines Kind Huckepack oder auf die Schultern nehmen. Nur wenn das Kind schon ausreichend im Gleichgewicht sitzt, können Sie sich ungestört bewegen.

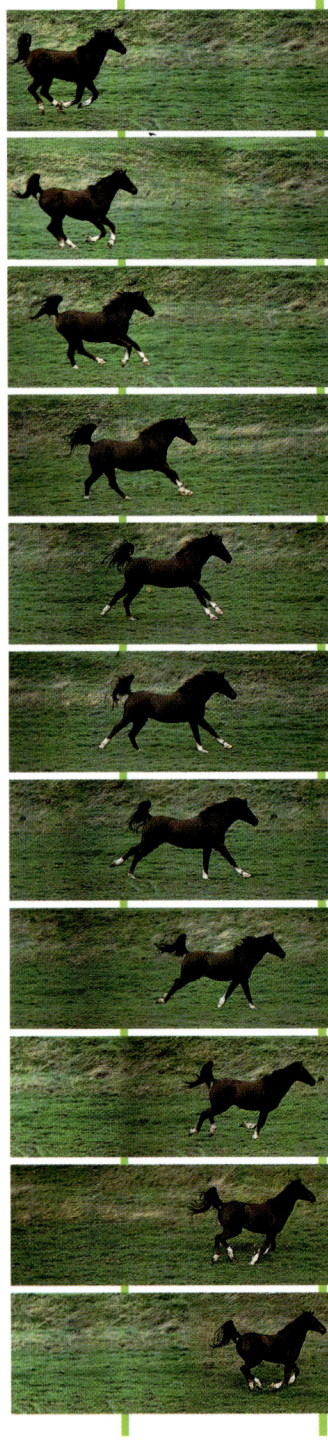

In der Schwebephase wölbt sich der Rücken des Pferdes und die Kruppe senkt sich, die Hinterbeine greifen weit unter den Körper.

Der linke Hinterhuf fußt zuerst auf, ziemlich genau unter der Körpermitte. Während der linke Hinterhuf trägt, führt das Pferd die anderen drei Beine vor.

Das rechte Hinterbein und das linke Vorderbein werden gleichzeitig nach vorne gebracht, der rechte Hinterhuf ist kurz vorm Auffußen, fast auf Schulterhöhe.

Wenn das Pferd sein Gewicht auf das rechte Hinterbein verlagert, fängt es an, sich zu strecken, dabei wird das linke Vorderbein vorgeführt.

Nun trägt das rechte Hinterbein das ganze Gewicht und liefert den Schub nach vorne.

Der Körper des Pferdes ist vollkommen gestreckt; sein Rücken ist flach, Hals und Kopf sind tiefer und weiter vorne, während es das linke Vorderbein aufsetzt.

Über das diagonale Beinpaar setzt sich die Bewegung fort, das ausgestreckte rechte Vorderbein übernimmt die Last.

Beide Vorderbeine stützen, wenn die Hinterbeine abfußen.

Der Schwerpunkt des Pferdes ist jetzt ganz vorne, der rechte Vorderhuf trägt alleine, die Hinterbeine werden wieder nach vorne gebracht.

Während die Hinterbeine vorgeführt werden, richtet sich das Pferd mehr auf, indem es den Hals verkürzt, der Schwerpunkt verlagert sich wieder nach hinten.

Sobald das rechte Vorderbein abgefußt hat, befindet sich das Pferd wieder in der Schwebephase. Der linke Hinterfuß wird weit vor dem Abdruck des rechten Vorderhufes wieder auf dem Boden landen.

Wie sollten Sie auf diesem Pferd sitzen?

Gleichgewicht, Geschmeidigkeit und Rhythmus sind das Geheimnis eines guten Sitzes. Der gute Sitz wiederum ist der Schlüssel zum guten Reiten. Die meisten Menschen glauben, Reiten ist reine Bewegungskontrolle. Doch ein schlecht sitzender Reiter bringt sein Pferd aus dem natürlichen Gleichgewicht. Bei seinen Bemühungen, wieder unter den Schwerpunkt seines Reiters zu kommen, sind seine Bewegungen schwerfällig und völlig ohne Eleganz. Das Kontrollieren dieses Pferdes wird vieltausendfach erschwert. Sitzen Sie aber losgelassen und im Gleichgewicht auf einem zufriedenen, frei vorwärtsgehenden Pferd, ist das Problem der Kontrolle fast völlig verschwunden. Sie und Ihr Pferd scheinen miteinander zu verschmelzen.

Einen unabhängigen Sitz kann man am besten dann entwickeln, wenn das Pferd von einer zweiten Person kontrolliert wird. Sie brauchen sich dann keine Gedanken darum zu machen, was das Pferd als nächstes tun wird, also können Sie sich vollkommen entspannen und versuchen, Gleichgewicht, Geschmeidigkeit und Rhythmus zu entwickeln. Auch lernen Sie, genau zu erfühlen, was das Pferd macht, dieses Fühlen ist ein wichtiger Teil beim Reiten.

Natürlich ist es in den verschiedenen Sparten der Reiterei notwendig, unterschiedliche Sitzpositionen auf dem Pferd einzunehmen. Aber ganz unabhängig von dem Sitz, den der Reiter gerade einnimmt, er ist immer genauso ausbalanciert, als wenn er mir seinen zwei Füßen auf dem Boden steht; sein Schwerpunkt liegt über dem des Pferdes; und der Reiter paßt sich den Bewegungen des Pferdes an. Doch welchen Sitz er einnimmt, das hängt davon ab, was er von seinem Pferd verlangt: versammelte Gangarten im Dressurviereck oder Galopp über eine Geländestrecke, Rinder zusammentreiben oder ein Rennen gewinnen. Es gibt nicht einen einzigen »korrekten« Sitz; jede Sitzposition verfolgt ein anderes Ziel, und was in einer Disziplin korrekt ist, muß nicht unbedingt auch in einer anderen richtig sein. Für einen Anfänger ist das manchmal sehr verwirrend. Die nächsten zehn Seiten zeigen, welche Sitzpositionen ein Reiter im Galopp einnehmen kann und was er damit bezweckt.

Der klassische Sitz

Schon 400 v. Chr. beschrieb der griechische General und Pferdekenner Xenophon den klassischen Sitz: »als ob ein Mann mit leicht gespreizten Beinen aufrecht steht«. Wie auf antiken griechischen Darstellungen zu sehen ist, ritten die meisten Griechen im »Stuhlsitz«, zurückgelehnt und die Knie hochgezogen. Obgleich diese Art zu reiten für einen Laien auf dem blanken Pferderücken die natürlichste ist, erkannte Xenophon, daß Pferd und Reiter nicht im Gleichgewicht waren, eine feine Hilfengebung war nicht möglich. Der klassische Sitz erlaubt viel einfühlsameres, athletischeres Reiten.

Die klassische Reitkunst, sie ist wie ein langsames, wunderbar rhythmisches Ballett, wurde im 17. und 18. Jahrhundert in Europa wiederentdeckt. Viele der Schulsprünge sind verfeinerte Variationen der Lektionen, die den Rittern im Kampf gute Dienste leisteten. Heute wird die klassische Reitkunst in ihrer reinsten Form noch in Spanien, Portugal (hier sind die Lektionen auch im Stierkampf zu sehen), Österreich und Slowenien gepflegt; eingesetzt werden dazu die alten, klassischen Rassen wie Andalusier, Lusitano und Lipizzaner. Die moderne »Dressur« (abgeleitet von dem französischen Wort *dresser,* trainieren) ist in Stil und Ausdruck etwas anders, da die eingesetzten Pferde größer sind und andere natürliche Veranlagungen haben.

Das Pferd auf den Fotos oben geht einen langsamen Galopp. Der Reiter sitzt aufrecht

Der klassische Dressursattel hat eine gewölbte Sitzfläche, so daß der Reiter tief einsitzen kann, sein Schwerpunkt liegt über dem des Pferdes. Die Steigbügel ruhen unter dem Fußballen, wenn das Bein nahezu gestreckt herunterhängt. (Viele Menschen haben am Anfang häufig Schwierigkeiten, die Beine so weit zu spreizen, sie ziehen dann die Knie hoch, um der Anstrengung zu entgehen. Sie können also überprüfen, ob Ihre Füße an der richtigen Stelle sind.) Der Reiter auf den Fotos oben benutzt einen klassischen portugiesischen Sattel.

und stolz, als ob er sich geehrt fühlt, dieses Pferd reiten zu können. Dennoch sind keinerlei Anzeichen von Steifheit oder Verspannung zu erkennen. Diese fast gestreckte Beinhaltung erfordert ein weites Umfassen des Pferderumpfes, der Reiter sitzt auf seinen Gesäßknochen und dem Spalt. Solange er die Balance hält und sich der Bewegung des Pferdes anpaßt, hält ihn die Schwerkraft im Sattel.

Die Beine haben leichte Fühlung mit dem Pferd, die Absätze federn frei nach unten, es sei denn, der Reiter will sie bewußt zur Hilfengebung einsetzen. Er klammert in keinster Weise. Nuno d'Oliveira, der überragende Lehrer der klassischen Reitkunst von heute, sagt: »Eins der Geheimnisse ist die totale Entspannung der Beinmuskulatur.«

Entspannung des Körpers von der Taille abwärts bedeutet, daß Hüfte und Beine am Pferd mitschwingen. Stolzes, erhabenes Sitzen zeigt nur, daß der Oberkörper ruhig bleibt. Der kleine Bereich zwischen oberem und unterem Teil des Körpers, die Taille und das Kreuz, sind locker und geschmeidig. Hier wird der Schwung des Pferdes aufgenommen und absorbiert. Säße der Reiter steif, wie es die meisten Anfänger tun, bliebe das Gesäß nicht im Sattel, oder seine Schultern würden hin- und herwakkeln. Würde er sich nach vorne lehnen oder in den Sattel fallen, könnte seine Wirbelsäule nicht mehr frei schwingen.

Der sichere, unabhängige Sitz dieses Reiters führt zu einer völligen Entspannung der Schul-

termuskulatur, der Arme und Hände, daher ist seine Zügelführung weich und geschmeidig.

Seine Steigbügel sind so lang, daß sie lediglich dazu dienen, die Zehenspitze daran zu hindern, nach unten zu zeigen. Sie geben ihm keinerlei Unterstützung.

Der klassische Sitz basiert auf Gleichgewicht und Geschmeidigkeit, nicht auf Festhalten. Frei von jeglicher Spannung spürt der Reiter die Bewegungen der Wirbelsäule und Hüften des Pferdes durch sein Gesäß und seine Wirbelsäule. Auch das lange, entspannte Bein ermöglicht dem Reiter optimales Fühlen und maximale Kontrolle. Dieses sind die Vorteile des klassischen Sitzes.

Ein Nachteil ist, daß das Gesäß des Reiters immer im Sattel bleiben muß. Das ist dann kaum möglich, wenn das Pferd bei langer Zügelführung und schnell über unebenes Gelände läuft, und beim Springen wird das Pferd dadurch sogar behindert.

Der Western-Sitz

Als die Spanier vom 17. Jahrhundert an Mexiko und die heutigen Südweststaaten kolonisierten, brachten sie ihre hervorragenden Pferde, ihre klassische Reitweise und ihre Sättel mit, deren Kennzeichen waren eine hohe Rückenlehne und ein tiefer Schwerpunkt. Als sich das Rindertreiben entwickelte, wurden sowohl Sattel als auch Reitweise im Hinblick auf die Arbeit der Cowboys verändert. (Auch das Pferd wurde verändert, es wurde gedrungener.) Trotzdem sind noch viele charakteristische Merkmale des klassischen Sitzes zu erkennen: der stolze, aufrechte Sitz; die lockere, geschmeidige Taille; das lange Bein; das Sitzen im Gleichgewicht, ohne zu klammern.

Das Pferd auf den Fotos der nächsten Seite geht in einem langsamen Galopp oder Lope (vom spanischen Wort *lope*).

Wie der klassische Reiter absorbiert auch der Westernreiter die Bewegungen des Pferdes mit der Taille. Dafür muß er aufrecht sitzen, denn nur dann ist sein Rücken gerade und frei. Seine Steigbügel sind so lang, daß ein Durchstrecken der Beine den Reiter kaum aus dem Sattel heben würde. Er macht das vielleicht mal im gestreckten Galopp; sonst bleibt ein Westernreiter immer im Sattel sitzen.

Der Absatz sollte auf Höhe einer durch die Hüfte gezogenen vertikalen Linie sein. In der Praxis strecken viele Cowboys bei der Arbeit die Beine etwas vor und lehnen sich gegen die hintere Sattelkante, vor allem bei der Lassoarbeit mit Rindern. Das kann dazu führen, daß der Cowboy sein Gewicht zu weit nach hinten verlagert, also nicht mehr im Gleichgewicht sitzt und die Hinterhand des Pferdes zu sehr belastet. Für ein Quarterhorse, das einen niedrigen Widerrist hat und bei seiner Arbeit oft sehr schnell sein muß, spielt diese falsche Gewichtsverlagerung kaum eine Rolle, in anderen Disziplinen der Reiterei würde das Pferd weit mehr gestört werden. Der robuste Sattel bewahrt den Rücken des Pferdes vor Schaden.

Der Westernreiter sitzt fest im Sattel, klammert aber nicht mit den Beinen. Sie sind entspannt, hängen ganz zwanglos herunter, dabei zeigt die Zehenspitze nach vorne und der Absatz nach unten. Die Sicherheit des Reiters ergibt sich aus der großen Sitzfläche des Sattels. Westernpferde sind kräftig und gedrungen, das hilft dem Reiter. Auch der Sattel selbst bietet viel Unterstützung.

Der hier gezeigte Westernreiter hält beide Zügel locker in der linken Hand. Wegen des Sattelhorns wird die Hand etwas höher getra-

gen als in anderen Disziplinen. Daher gilt es auch beim Westernreiten nicht als Fehler, in den anderen schon, denn da wird auf Trense geritten; der Westernreiter benutzt hingegen meistens eine Kandare oder ein Hackamore, mit diesen Zäumungen neigen die Pferde dazu, den Kopf tiefer zu nehmen (s. S. 150). Das Gebiß kommt sowieso kaum zum Einsatz; der Westernreiter benutzt den losen Zügel am Hals, sein Gewicht und die Stimme, so daß das Gebiß, wenn es auch zu den schärferen gehört, vom Pferd sehr selten, wenn überhaupt einmal, gespürt wird.

Heutzutage gibt es nur sehr wenige echte Cowboypferde: Viele verschiedene Spezialdisziplinen sind entstanden, häufig sogar mit eigenen Prüfungen auf Turnieren. Doch die Ausbildung wird bis heute am stärksten dadurch beeinflußt, daß im Westen der USA aus Tradi-

Ein Westernsattel ist so robust gebaut, daß er sogar einem am Sattelhorn festgebundenen, kämpfenden Stier standhält. Der hintere Sattelgurt liegt nur dann an, wenn der Sattel nach vorne abkippt (s. S. 141). Dieses ist ein Roping-Sattel: Die Wölbungen unter dem Horn sind abgerundet eingekerbt, damit das Lasso nicht festhakt.

tion das Pferd immer noch als echter Partner bei der Arbeit gesehen wird. Das Westernreiten, das Schwergewicht liegt auf dem schnellen und ruhigen Lösen praktischer Probleme, ist die einfachste und für Pferd und Reiter bequemste Art des Reitens. Der größte Nachteil des Westernreitens liegt darin, daß es für viele (Reiter, nicht Pferde) schwierig ist, sich an einen anderen Stil zu gewöhnen. Der solide Sattel gibt dem Reiter so viel Sicherheit, daß er mitunter keinen ganz unabhängigen Sitz entwickelt und in einem leichteren Sattel Gefahr läuft, herunterzufallen.

Detaillierte Betrachtungen zum Westernreiten finden Sie auf den Seiten 140–147.

Der zentrale Sitz

Sehr vage und irreführend wird diese Sitzposition manchmal auch »ausbalanciert«, »vielseitig« oder einfach »korrekt« genannt. Hier nennen wir sie »zentral«, weil sie von allen Sitzpositionen die am wenigsten spezialisierte ist, praktisch den Mittelpunkt (Zentrum) bildet.

Als im 18. Jahrhundert Artilleriewaffen entwickelt wurden, die selbst die härteste Rüstung durchschlagen konnten, mußten die Kavallerien ihre Taktik ändern. Lanzen, Rüstung und die großen, schwerfälligen Pferde wurden abgeschafft, um beweglicher zu sein, wurde die Kavallerie mit leichteren, wendigeren Pferden beritten gemacht. Die Ritter in ihren Rüstungen lehnten sich zurück, um dem brutalen Stoß der Lanze standhalten zu können; die neue Kavallerie konnte besser im Gleichgewicht sitzen, so waren die Pferde besser zu kontrollieren und ermüdeten nicht so schnell. Man fand bald heraus, daß der echte klassische Reitstil, der nur langsame Gangarten auf ebenem Untergrund kannte, für schnelles Galoppieren über hügeliges Gelände nicht geeignet war, also erarbeiteten sie sich einen vielseitigen Sitz.

Das Pferd auf den Fotos galoppiert am losen Zügel, es wird ein kompletter Galoppsprung dargestellt.

Die Knie der Reiterin sind mehr abgewinkelt als im klassischen Sitz *(a la jinetta),* doch Schulter, Hüfte und Absatz befinden sich auf einer geraden Linie, so daß die Reiterin vollkommen

im Gleichgewicht sitzt. Ihr Oberkörper ist aufrecht, weder steif noch instabil. Taille und Kreuz sind gedehnt und entspannt, hier werden die Bewegungen des Pferderückens abgefedert. Die Schultern sind ruhig; der Oberarm hängt lose herab. Handgelenke und Hände sind entspannt und locker, so daß die Reiterin den Bewegungen des Pferdekopfes, wenn das Pferd wie hier am losen Zügel geht, weich folgen kann.

Die Reiterin sitzt auf den Gesäßknochen, dem Spalt und den Oberschenkeln, wie im klassischen Sitz. Sie versucht nicht, sich mit den Knien festzuklammern, dann würde sie den Kontakt mit dem Sattel verlieren. Aber die Knie liegen fest am Sattelblatt, denn ihr Gewicht ist auf die Absätze verlagert, nicht auf die Steigbügel. Das Niedertreten der Absätze verändert die Form der Oberschenkelmuskulatur, das Knie wird einwärts gedreht. Je tiefer der Absatz, desto fester liegt das Knie an.

Die Steigbügel sind gerade so lang, daß die Reiterin gut aufstehen kann. Dabei wird der Absatz noch tiefer getreten, dadurch kommt das Knie noch fester an den Sattel.

Die Zehenspitzen zeigen nach vorne. Sie klammert nicht mit der Wade: Das wäre ein schwerwiegender Fehler, denn dadurch würde das Pferd aufgefordert werden, immer schneller zu laufen. Der Unterschenkel kann frei bewegt werden, ohne daß sich der Sitz ändert, sie das Gleichgewicht verliert oder der Knieschluß nachläßt. Die Reiterin sitzt losgelassen

»Vielseitigkeitssättel« gibt es in verschiedenen Ausführungen: Bei einigen sind die Sattelblätter weiter nach vorne vorgezogen und mit Pauschen unterlegt. Sie sind gut geeignet für schnelles Reiten im Gelände. Der hier gezeigte Sattel hat eine relativ flache Sitzfläche, er bietet dem Reiter wenig Unterstützung, verhindert aber, daß der Reiter zu weit hinten sitzt. Es ist der ideale Sattel für Anfänger, denn er hilft dem Reiter, einen guten Sitz zu entwickeln, denn nur die Unterstützung dieses Sattels hält den Reiter nicht auf dem Pferderücken.

und sicher. Man sieht, daß sie auch genauso gut ohne Zügel reiten könnte, es würde für sie keinen Unterschied machen. Und genau das ist gemeint, wenn man von einem »unabhängigen« Sitz spricht: Die Sicherheit im Sattel hängt nicht von den Händen ab.

Das erste Ziel eines jeden Reiters ist es, einen unabhängigen Sitz zu entwickeln, so daß er sich nicht an den Zügeln festhalten muß, um das Gleichgewicht zu halten. Das Erlernen des zentralen Sitzes bietet einem Reiter den großen Vorteil, daß er überall auf der Welt jedes Pferd mehr oder weniger ordentlich reiten kann, auch wenn es für eine Spezialdisziplin ausgebildet wurde. Das gilt nicht für Reiter, die nur einen Spezialsitz erlernt haben. Hinzu kommt, daß man auch die anderen Sitzpositionen relativ leicht dazulernen kann.

Später in diesem Kapitel wird der zentrale Sitz genauer untersucht, er wird detailliert in jeder Gangart betrachtet, und Sie erhalten Ratschläge, wie Sie diesen Sitz üben können, während ein Helfer das Pferd kontrolliert. Jeder Freizeitreiter sollte sich darum bemühen, diesen Sitz zu erlernen.

Der leichte Sitz

Der leichte Sitz ist speziell für das Springreiten entwickelt worden, und zwar um 1900 von Caprilli, einem Rittmeister der italienischen Armee. Zu der Zeit stieg vor allem bei den Kavalleristen das Interesse am Springreiten. Die einzigen Reiter, die regelmäßig über höhere Hindernisse setzten, waren die englischen und irischen Jagdreiter, die mit Sicherheit nicht im Gleichgewicht saßen, wenn sie sich beim Absprung nach hinten lehnten und im »Stuhlsitz« die Sprünge überwanden. Dieser Springstil war für die Pferde sehr unangenehm, Rücken, Lenden und Hüften wurden über Gebühr belastet, außerdem wurden die Pferdemäuler arg strapaziert und unempfindlich, da die Reiter sich über den Sprüngen an den Zügeln festhielten. Dies erklärt die Entwicklung der mächtigen englischen Hunter, die Vielfalt der Gebisse, um die Pferde zu kontrollieren und die überragenden Fähigkeiten der englischen Tierärzte.

Kavalleristen, die nach der englischen Methode ritten, fanden es recht schwierig, ihre Pferde ohne viel Aufhebens über Sprünge zu reiten, die höher als einen Meter waren. Caprilli beobachtete, daß Pferde ohne Reiter viel höher sprangen und er erkannte, wie sehr die Reiter ihre Pferde behinderten. Er sah, daß ein Pferd, um ein hohes Hindernis fehlerfrei zu überwinden, den ganzen Rücken frei haben mußte, um seine Hinterbeine anwinkeln zu können. Das Pferd muß die Möglichkeit haben, eine plötzliche Verlagerung des Schwerpunkts sofort ausgleichen zu können, und es muß mit Kopf und Hals lang balancieren können, wenn es die Vorderbeine ausstreckt. Caprilli erkannte, daß ein Pferd dieses alles nur leisten konnte, wenn der Reiter den Pferderükken entlastete, indem er das Gesäß aus dem Sattel hob.

Das Pferd auf den Fotos oben geht im Galopp bei leichter Anlehnung. Ein vollständiger Galoppsprung ist dargestellt.

Hier im Galopp ist das Gewicht des Reiters nicht im Sattel, sondern auf seinen Knien und Absätzen. Die Oberschenkel fangen die Galoppbewegungen ab, nicht das Kreuz, so daß der Kopf seine Position nicht verändert. Das Gesäß berührt nicht den Sattel, der Reiter könnte sonst dem Pferd in den Rücken fallen, besonders in dem Moment, da es den Rücken aufwölbt.

Der Reiter versucht nicht, die Beine so weit um das Pferd herumzulegen wie im klassischen Sitz, die Beine sind erheblich mehr abgewin-

kelt; das Gewicht ruht auf den Absätzen, nicht im Steigbügel. Dadurch wird der Knieschluß, die Knie liegen normalerweise über der breitesten Stelle des Pferderumpfes, noch fester. Dieses »Festhalten« ist allerdings weniger eine bewußte Handlung als mehr ein mechanischer Effekt, hervorgerufen durch die kurzen Steigbügel.

Obgleich der Reiter den Oberkörper nach vorne beugt, befindet er sich im Gleichgewicht. Eine vertikale Linie durch seine Absätze zeigt, daß er die Hüfte nach hinten schiebt und dadurch das nach vorne verlagerte Gewicht ausgleicht. Der Reiter kann leicht sein Gewicht verlagern, um allen Bewegungen des Pferdes, insbesondere am Sprung, folgen zu können. So ist das Pferd in seinen Aktionen wesentlich freier.

Wie man sieht, liegt der Unterschied zwischen dem leichten und dem zentralen Sitz nicht nur in einem Verkürzen der Steigbügel. Der Reiter muß eine neue Sitzposition erlernen, in der er die Beine anders hält und den Schwerpunkt verlagert. Leider versuchen einige Reiter, diese beiden Stile zu kombinieren, was dazu führt, daß sie auf der hinteren Sattelkante sitzen, weil ihre Steigbügel zu kurz sind. Dann sitzt der Reiter nicht im Gleichgewicht, und das ist für keinen der Beteiligten angenehm, am allerwenigsten für das Pferd.

Der leichte Sitz ist speziell für das Spring- und Geländereiten entwickelt worden. Ein Nachteil ist, daß der Rücken des Reiters nicht so entlastet ist wie im zentralen Sitz, über län-

Ein Springsattel hat weit vorgezogene Sattelblätter, damit das gebeugte Knie Halt findet. Zusätzlich sind starke Pauschen angebracht, denn der Druck, den die Knie nach hohen und schnellen Sprüngen aushalten müssen, ist enorm. Die Steigbügel an diesem Sattel weisen noch eine Besonderheit auf: Die Öse für den Steigbügelriemen sitzt nicht in der Mitte, sondern ist seitlich versetzt, der Steigbügel hängt nicht gerade, sondern ist an der Außenkante höher als innen. Dadurch wird der Knieschluß des Reiters noch zusätzlich unterstützt.

gere Distanzen ist das Reiten im leichten Sitz daher ermüdend. Außerdem hat der Reiter keinen Kontakt mit dem Rücken des Pferdes, so daß er dessen Bewegungen nicht mehr so gut erfühlen kann und die Paraden deutlicher gegeben werden müssen.

Auf den Seiten 128–129 wird der leichte Sitz detailliert beschrieben.

19

Der Rennsitz

Bis zum Ende des neunzehnten Jahrhunderts ritten Jockeys mit langen Steigbügeln. Doch zur Jahrhundertwende revolutionierte der Amerikaner Tod Sloan, wie er selbst sagte, inspiriert durch die Reitweise der Sioux Indianer, den Rennsitz. Er verkürzte die Steigbügel derart, daß er auf dem Pferd saß »wie ein Affe auf dem Schleifstein«, tief über den Hals des Pferdes gebeugt. Der Vorteil dieser Reitweise, der Rücken des Pferdes ist wie beim leichten Sitz frei, war sofort zu erkennen: das Pferd konnte schneller und weiter galoppieren. Innerhalb weniger Jahre übernahmen alle Jockeys diesen Stil. Moderne Flachrenn-Jockeys reiten nun noch kürzer, bei Hindernisrennen oder im Training reiten die Jockeys aber zur Sicherheit mit längeren Steigbügel.

Der Jockey reitet mit einwärts gedrehten Knien, wie auf dem Foto rechts zu sehen ist: Je mehr er den Absatz nach außen dreht, desto sicherer ist sein Sitz. Je kürzer seine Steigbügel sind, desto weiter werden durch den Rumpf des Pferdes seine Unterschenkel gespreizt, was den Knieschluß erhöht. Die Vorlage bringt das meiste Gewicht auf die Knie des Reiters, er kniet förmlich auf der Schulter des Pferdes.

Wie der Reiter im leichten Sitz folgt auch der Jockey den Bewegungen des Pferdes, indem er in den Knien federt, der enge Kontakt mit der Schulter des Pferdes macht es leicht, den Rhythmus zu erfühlen. Dieser Jockey geht so hervorragend mit der Bewegung des Pferdes mit, daß sein Kopf immer auf einer horizontalen Linie bleibt. Er steht höher über dem Sattel, wenn das Pferd sich streckt und nähert sich dem Hals des Pferdes, wenn es sich vorne hebt. Daher scheint sich die Position des Kopfes nicht zu verändern.

Während eines Galoppsprungs streckt und verkürzt ein Vollblüter seinen langen Hals auf-

Der Sattel ist klein und mehr auf Gewichtseinsparung ausgerichtet als darauf, dem Jockey Unterstützung zu bieten: Er ist eigentlich kaum mehr als eine Befestigungsmöglichkeit für die Steigbügel. Die hervorragend angelegte Schulter und der Rumpf eines Vollblüters bilden eine natürliche Vertiefung, in die der Jockey auf den vorgezogenen Sattelblättern seine Knie preßt. Es gibt aber keine Pauschen, die das Knie stützen. Daher müssen sich Jockeys in Hindernisrennen bei der Landung nach einem Sprung, anders als Springreiter, nach hinten lehnen und die Füße vorstrecken, sonst würden sie durch die Wucht der Landung nach vorne fallen. Das Sattelpad nimmt zusätzliches Gewicht für Handicap-Rennen auf.

fällig, der Jockey muß seine Hände um ca. fünfzig Zentimeter vor- und zurückbewegen, damit die Anlehnung des Pferdes an das Gebiß die ganze Zeit konstant bleibt. Das Pferd braucht diese Anlehnung: Ein Rennpferd benutzt das Gebiß als »fünftes Bein«, es legt sich darauf, um das Gleichgewicht zu halten. Würde der Jockey plötzlich die Zügel durchhängen lassen, würde das Pferd u. U. sogar ins Stolpern kommen. Bleibt die Anlehnung nicht konstant, kann das Pferd keinen gleichmäßigen Galopprhythmus entwickeln. Auch wenn ein Rennpferd sich etwas auf das Gebiß legt, müssen die Hände des Jockeys genau so einfühlsam sein wie die eines jeden anderen Reiters.

Im Rennsitz kann ein Jockey hervorragend sein Gewicht verlagern, es ist wenig, verglichen mit dem des Pferdes, aber er kann damit den Rücken und die Geschwindigkeit des Pferdes beeinflussen. Da der Jockey niemals sein Gesäß in den Sattel bringt und auch seine Beine nicht einsetzen kann, ist die Gewichtsverlagerung eine der wirkungsvollsten Möglichkeiten, das Pferd zu beeinflussen.

Der Vorteil dieses Sitzes liegt darin, daß das Pferd seinen ganzen Körper ungehindert bewegen kann. Beachten Sie, daß dieses Pferd, es ist dasselbe wie auf der vorangegangenen Seite, in den Renngalopp fiel, ohne groß aufgefordert werden zu müssen. Wurde es in anderer Weise geritten, war es auch mit einem langsamen Galopp zufrieden.

Der zentrale Sitz: detaillierte Betrachtung

Von d'Oliveira wurde gesagt, er hätte seine Pferde geritten, als wäre er ein König, und sie trugen ihn auch, als wäre er tatsächlich einer. Jedes Pferd kann seinen Reiter ohne Probleme tragen und sich anmutig bewegen, wenn der Reiter aufrecht sitzt, im Gleichgewicht und losgelassen. Die größte Schwierigkeit liegt darin, jeden Muskel im Körper zu entspannen.

Betrachten Sie diese Reiterin. Sie sitzt aufrecht, aber nicht steif. Ihre Beine scheinen den Pferdeleib zu umschließen, allerdings ohne dabei zu klammern. Sie macht einen entspannten, lockeren Eindruck, ohne dabei lässig zu wirken. Beide, Pferd und Reiterin, wirken ruhig und konzentriert.

Wenn Sie auf einem Pferd sitzen, erinnern Sie sich an diesen Ausdruck von Ruhe und Zufriedenheit. Atmen Sie langsam und tief, versuchen Sie, sich darauf zu konzentrieren, daß Ihr Schwerpunkt knapp unterhalb Ihres Bauchnabels liegt. Diese Technik wird z.B. beim Yoga und anderen fernöstlichen Künsten verwendet. Beim Reiten ist dieser Bereich locker. Oberhalb des Schwerpunktes streckt sich Ihr Körper nach oben, einer Pflanze gleich, unterhalb fließen Sie förmlich abwärts.

Nehmen Sie die Füße aus den Steigbügeln und rutschen Sie im Sattel hin und her, die Beine sind dabei völlig entspannt. So werden Sie die tiefste Stelle des Sattels finden, dort liegt Ihr Schwerpunkt über dem des Pferdes. Möglicherweise können Sie Ihre flache Hand zwischen Gesäß und hinteren Sattelrand schieben. Jetzt strecken Sie Ihre Beine zur Seite weg, wie beim Spagat, danach lassen Sie sie wieder locker an den Seiten des Pferdes herunterhängen. Sie sollten fühlen können, wie Ihr Hüftbereich an drei Stellen auf den Sattel gedrückt wird: vorne in der Mitte und weiter hinten an den beiden Sitzbeinknochen. Wenn Sie vor- und zurückschaukeln, spüren Sie, wie sich Ihr Gewicht von vorne nach hinten verlagert. Setzen Sie sich so hin, daß sich Ihr Gewicht gleichmäßig auf diese drei Stellen verteilt. Nehmen Sie sich Zeit, diese Dinge zu erfühlen, denn die Position Ihrer Hüfte beeinflußt alles andere.

Ohne sich zu verspannen, strecken Sie sich von diesem Sitz aus nach oben. Lösen Sie sich aber nicht vom Sattel; von der Taille abwärts bleiben Sie im Kontakt mit dem Pferd, doch Ihren Oberkörper tragen Sie selbst. Ihr Rückgrat ist eine Säule aus vielen kleinen Knochen (Wirbeln), die durch weiche Knorpelscheiben (Bandscheiben) voneinander getrennt sind, letztere fangen alle Stöße und Erschütterungen ab. Steht der Mensch »gerade«, ist die Wirbelsäule im Bereich der Lende leicht nach innen gebogen. Doch steht man zusammengesackt oder vornübergebeugt, verschwindet dieser Bogen, und die Bandscheiben können ihre Funktion nicht im vollen Umfang erfüllen. Müssen dann Stöße abgefangen werden, wird es sehr unangenehm, vergleichbar mit einem Sprung von oben mit durchgedrückten Beinen. In Erwartung des Unangenehmen verspannt man sich, was die ganze Sache noch schlimmer macht. Daher ist es also wichtig, daß der Rücken gestreckt ist, damit die Wirbelsäule ihren natürlichen Verlauf nimmt und die Bandscheiben ihre Funktion erfüllen können.

Ignorieren Sie zunächst noch ihre Hände. Verschränken Sie sie hinter Ihrem Nacken oder Rücken, legen Sie sie auf Ihren Kopf oder lassen Sie sie zwanglos herunterhängen. Halten Sie sich nur nirgendwo fest. Es ist überaus wichtig, daß Sie zunächst lernen, ohne Hände zu reiten, damit sich das Gleichgewichtsgefühl entwickelt und es zu einem unabhängigen Sitz kommt.

Stellen Sie sich vor, Ihre Beine seien Sandsäcke. Sie klammern nicht am Pferd: Ihre Beine hängen gerade herunter. Den Boden können sie nicht erreichen, da das Pferd im Weg ist, also hält Ihr Gewicht Sie im Sattel. Hängen Ihre Beine völlig gerade herunter, sind die Steigbügel oberhalb Ihrer Fußballen. Liegen Ihre Beine weiter vorne, öffnen Sie Ihre Beine noch einmal weit, legen Sie sie zurück und versuchen Sie es noch einmal. Dann nehmen Sie Ihre Steigbügel auf, sie sollten unter den Fußballen liegen, das Körpergewicht ruht allerdings auf den Absätzen. Das ist wichtig, denn nur so haben Sie Knieschluß, ohne zu klammern. Beim Klammern löst sich Ihr Gesäß vom Sattel, probieren Sie es, und Sie werden es herausfinden. Sind Ihre Zehen tiefer als Ihre Absätze, öffnen sich die Knie. Solange Ihre Füße unter Ihrem Schwerpunkt bleiben, werden Sie nicht die Steigbügel verlieren. Versuchen Sie, die Bügel so lang wie möglich zu schnallen, ohne daß es unbequem wird: Wenn Ihre Beine lang und entspannt herunterhängen, sollten sich die Trittflächen der Steigbügel auf Höhe Ihrer Knöchel befinden. Sind Ihre Steigbügel zu kurz (dieser Fehler ist häufig bei Anfängern zu beobachten), schieben Sie Ihr Gesäß in den hinteren Bereich des Sattels und müssen sich dann nach vorne legen, um das Gleichgewicht zu halten, Ihre Geschmeidigkeit wird verlorengehen.

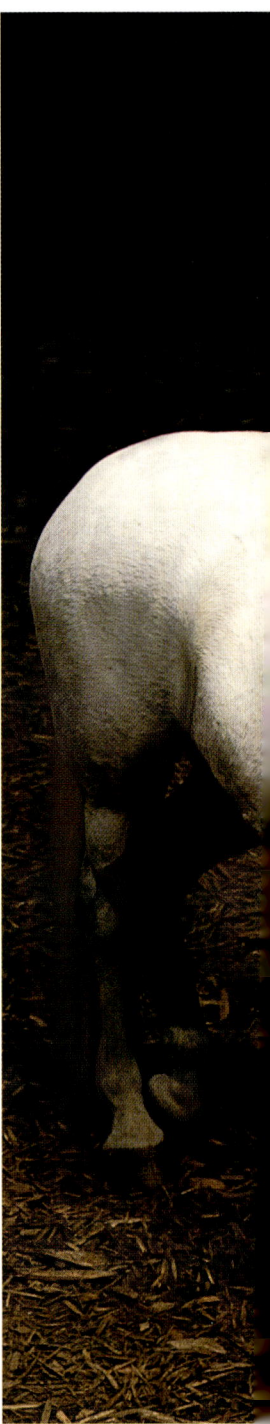

*Ihr Gewicht liegt über
dem kräftigsten Teil des
Pferderückens.*

Ihre Zehenspitzen sollten nach vorne zeigen, nicht nach außen. Sind sie doch ausgedreht, dann klammert Ihr Unterschenkel, das ist ein folgenschwerer Fehler, denn Ihr Pferd wird immer schneller werden. Die Unterschenkel sollten frei beweglich sein, ohne daß sich die Knie vom Sattel lösen.

Vielleicht haben Sie das Gefühl, daß die Innenseite Ihrer Oberschenkel ihre Knie nach außen drückt, so daß es offen ist, während der Absatz zu stark nach innen kommt. Dann müssen Sie das Hüftgelenk einwärtsdrehen. Fassen Sie von hinten die Innenseite Ihrer Oberschenkel und drehen Sie Ihr Bein aus, bis das Knie wieder am Sattel ist. Oder aber Sie stehen in den Steigbügeln auf, drehen Zehen und Knie nach innen und setzen sich wieder hin. Wahrscheinlich ist Ihnen das zunächst unbequem, aber Ihre Sehnen und Bänder werden sich dehnen, so daß Sie bald ganz natürlich sitzen werden.

Abgesehen davon, daß Anfänger meistens zu verspannt sind, neigen viele auch dazu, sich vornüberzulehnen, ohne sich dessen überhaupt bewußt zu sein. Dies ist teilweise eine natürliche Reaktion bei Furcht, teilweise rührt es daher, daß unser Gleichgewichtssinn nicht korrekt arbeitet, wenn sich unsere Füße nicht auf dem Erdboden befinden. Es ist unerläßlich, jemanden zu haben, der den Sitz korrigiert. Ein weiterer, häufig auftretender Fehler ist der, daß die Beine zu weit vorne sind. Wenn Sie Ihre Zehen sehen können, ist das der Fall; lassen Sie jemanden kontrollieren, ob sich Ihre Schulter, Hüfte und Ferse auf einer geraden Linie befinden. Nur dann ist Ihre Wirbelsäule so gebogen, daß sie die Bewegungen des Pferdes absorbieren kann.

Und denken Sie daran, fühlen Sie sich stolz und glücklich; nehmen Sie den Kopf hoch und Ihr Körper wird von ganz alleine die richtige Haltung annehmen.

Auf- und Absitzen

Wenn Sie im Begriff sind, ein Pferd zu reiten, auch wenn es sich dabei um ein Reitschulpferd handelt, das an Sattel und Trense längst gewöhnt ist, denken Sie immer daran, daß Sie Partnerschaft eingehen, auch wenn diese nur von kurzer Dauer ist. Das Pferd wird wissen wollen, wer Sie sind, also stellen Sie sich ganz entspannt daneben und sprechen mit ihm; kratzen Sie ihm Hals und Schulter. Für das Pferd ist das ein freundschaftliches Signal. Lassen Sie das Pferd Ihren Geruch aufnehmen, und lernen Sie es in aller Ruhe kennen.

Prüfen Sie, ob der Sattelgurt fest genug angezogen ist. Viele Pferde atmen beim Angurten tief ein, so daß der Sattelgurt lose ist, wenn sie wieder ausatmen. Prüfen Sie auch die Länge der Steigbügel, indem Sie die Fingerspitzen auf die Sturzfedern legen und den Steigbügel an Ihrem Arm entlangführen. Reicht die Trittfläche des Bügels in Ihre Achselhöhle, haben sie ungefähr die richtige Länge. Normalerweise

Fallen Sie dem Pferd beim Einsitzen nicht in den Rücken.

Führen Sie das rechte Bein über die Kruppe des Pferdes, ohne sie zu berühren, drehen Sie sich dann nach vorne und lassen Sie sich in den Sattel gleiten.

Während Sie sich hinaufschwingen halten Sie sich mit der rechten Hand an der rechten Seite des Sattels fest.

Schauen Sie zum Pferd, setzen Sie den linken Fuß in den Steigbügel und drücken Sie sich mit dem rechten Bein kräftig ab.

Nehmen Sie beide Zügel in die linke Hand, und um festen Halt zu finden, fassen Sie zusätzlich in die Mähne oder an den vorderen Sattelrand.

steigt man von der linken Seite auf ein Pferd, diese Gewohnheit stammt noch aus der Zeit, als die Herrenreiter ihre Schwerter links trugen, und diese waren beim Aufsitzen von rechts im Weg. Sie können das Aufsitzen natürlich ebenso gut von der rechten Seite üben. Sitzen Sie nicht auf, wenn Ihre Vorderseite zum Pferd zeigt, denn dann pieksen Sie ihm Ihre Zehenspitze in den Leib, geht es daraufhin los, müssen Sie auf einem Bein nebenherhüpfen.

Beachten Sie, daß dieses Pferd, obwohl es kräftig und der Reiter leicht ist, Kopf und Hals nach links wendet, als ob sich während des Aufsitzens sein Schwerpunkt zu dieser Seite hin verlagert. Falls Sie sich, anstatt mit Schwung aufzusitzen, mehr *hinaufwürgen*, können Sie das Pferd so sehr aus dem Gleichgewicht bringen, daß es einen Schritt zur Seite machen muß, oder sie strapazieren seinen Rücken. Falls Sie zu wenig Sprungkraft haben, üben Sie zu Hause, auf einen Stuhl zu hüpfen.

Westernstil. Die meisten Westernreiter schauen nach vorne, springen in den linken Steigbügel und ziehen sich dann am Sattelhorn weich in den Sattel, Sie werden die europäische Form des Aufsitzens aber zunächst sicherlich einfacher finden. Beim Absitzen ist es schwierig, das rechte Bein über den hohen Sattelrand zu schwingen, also halten Sie sich am Sattelhorn fest, lassen den linken Fuß im Steigbügel und führen das rechte Bein über das Pferd auf den Boden. Diese Methode wird bei anderen Sätteln nicht angewendet, denn sie birgt eine gewisse Gefahr: Wenn Sie fast unten sind und das Pferd sich plötzlich bewegt, könnten Sie unsanft auf den Rücken fallen.

Nehmen Sie beide Füße aus den Steigbügeln.

Holen Sie mit den Beinen nach vorne Schwung und führen Sie sie dann nach hinten, während Sie sich nach vorne beugen.

Das rechte Bein sollte hoch über die Kruppe geschwungen und neben das linke gebracht werden.

Wie ruhig das Pferd auch immer sein mag, schwingen Sie niemals das rechte Bein über den Hals des Pferdes, wenn es nämlich dabei plötzlich den Kopf hebt, bekommen Sie Probleme.

Landen Sie sanft auf beiden Füßen neben dem Pferd. Beachten Sie, wie dieses aufmerksame Pferd genau darauf achtet, was der Reiter macht.

Andere Möglichkeiten, auf- und abzusitzen

Aufsitzhilfe. Stellen Sie sich mit Ihrer Vorderseite zum Pferd an den Sattel und winkeln Sie Ihr linkes Bein im Knie ab. Ihr Helfer greift mit einer Hand unter Ihr Knie, die andere legt er unter Ihr Schienbein. Zählen Sie bis drei, und springen Sie dann mit dem rechten Bein kräftig ab. Falls Sie dabei mit dem linken Bein treten, werden Sie Ihren Helfer treffen, während er Sie hinaufhebt.

Ohne Sattel. Stellen Sie sich mit der Vorderseite zum Pferd, fassen Sie mit der linken Hand die Zügel und eine Strähne der Mähne, und legen Sie Ihre rechte Hand auf den Rücken des Pferdes. Springen Sie so hoch, daß Sie mit dem Bauch auf dem Pferd liegen, dann schwingen Sie das rechte Bein über seinen Rücken. Ist das Pferd klein genug, kann man sich mit dem linken Ellenbogen auf der anderen Halsseite während des Aufspringens abstützen, achten Sie aber immer darauf, daß Sie nicht an den Zügeln ziehen.

Geschmeidigkeit und Losgelassenheit: Gymnastik

Diese einfachen Gymnastikübungen dehnen Ihre Beinmuskulatur, so daß es Ihnen leichter fällt, Ihre Beine zu spreizen. Von links nach rechts: Ein Bein wird angewinkelt, das andere nach hinten herausgestreckt; Spagat; Schneidersitz (besonders wirkungsvoll bei Ungelenkigkeit in der Hüfte); Beingrätsche mit Herunterfedern.

Um gut zu Pferde sitzen zu können, müssen Sie in der Hüfte beweglich sein, denn nur dann können Sie Ihre Beine weit genug spreizen und können auf größtmöglicher Fläche sitzen. Das Eingehen in die Bewegung des Pferdes verlangt Geschmeidigkeit in der Taille. Um im Gleichgewicht sitzen zu können, müssen Sie über eine gute Körperhaltung verfügen. Nur wenn Ihre Fußgelenke locker sind, können Sie mit den Absätzen nach unten ausfedern, so daß Ihre Knöchel den Schwung absorbieren. Für eine weiche Zügelführung müssen Ihre Arme und Handgelenke entspannt sein. Wenn Sie schon am Boden verkrampft sind, dann ist es auf dem Pferderücken noch schlimmer.

Es ist dann anzuraten, seine eigene Körperhaltung zu überprüfen und Hüften, Rücken und Fußgelenke zu lockern, wenn Sie nicht gerade neben einem Pferd stehen. Aber auch auf dem Pferd können Sie viele Übungen ausführen, die Ihnen helfen, Verspannungen abzubauen. Erwachsene sind gewöhnlich viel verkrampfter als Kinder, also denken Sie niemals, Sie seien zu alt für solche Spiele.

Die gezeigten Übungen zur Dehnung der Muskeln und Bänder in Ihren Beinen helfen Ihnen, geschmeidiger zu werden. Die Hüfte wird lockerer, wenn Sie die Beine mit Schwung nach oben-vorne werfen.

Nachfolgend werden noch einige andere Übungen beschrieben, die Sie zwischen Ihren Reitstunden zur Verbesserung Ihres Sitzes durchführen können.
1. Stellen Sie sich rückwärts an eine Wand, so daß Ihre Fersen, Ihr Gesäß und Ihre Schultern die Wand berühren. Ihre Knie sollten dabei leicht gebeugt sein. Das ist Ihre Reitposition. Nehmen Sie täglich häufig diese Haltung ein, Ihr Körper wird dadurch lernen, wie sich diese Position anfühlt. Wenn Sie noch ein Buch unter Ihre Zehen legen, dann stehen Sie auf Ihren Hacken und lernen, Ihr Gewicht in die Absätze zu verlagern.
2. Denken Sie mal darüber nach, wie Sie gehen. Wenn Sie die Schultern hängenlassen, in sich zusammensacken oder vornübergebeugt gehen, wird sich Ihre Haltung nicht auf wundersame Weise verbessern, nur weil Sie auf einem Pferd sitzen. Gehen Sie aufrecht, aber nicht steif, die Schultern sind gerade, aber entspannt und nicht hochgezogen, und seien Sie locker in der Hüfte. Zur Übung sollten Sie hin und wieder mit einem Buch auf dem Kopf herumgehen.
3. Stellen Sie sich mit den Fußballen auf eine Treppenstufe, entspannen Sie die Knöchel, und verlagern Sie Ihr Gewicht auf die Fersen. Wenn Sie sich zunächst auf die Zehen stellen

und dann das Gewicht nach hinten verlagern, können Sie spüren, wie sich Ihr Schwerpunkt verlagert, und Sie können die Veränderungen Ihrer Oberschenkel- und Wadenmuskulatur fühlen.

4. Stellen Sie sich breitbeinig vor einen Spiegel und tanzen Sie, indem Sie Ihre Schultern und Füße stillhalten, aber Ihre Körpermitte bewegen Sie, so viel Sie können. Streifen Sie Ihre Befangenheit und Hemmungen ab, und gehen Sie bei einem flotten Beat richtig aus sich heraus.

Sitzen Sie erst einmal auf einem Pferd, probieren Sie die gezeigten Übungen. Es ist egal, ob das Pferd einen Sattel trägt oder Sie auf dem blanken Pferderücken sitzen; aber sorgen Sie dafür, daß jemand das Pferd festhält, es könnte ja sein, daß Sie es mit Ihren Übungen überraschen.

1. Legen Sie die Hände an den hinteren Sattelrand und heben Sie die Beine mit Schwung über den Hals des Pferdes, so daß sich die Füße treffen. Dazu müssen Sie die Beine gestreckt halten. Diese Übung hilft Ihnen, Ihr Gesäß nach vorne in den Sattel zu bringen. Falls das Pferd diese Übung nicht kennt, gewöhnen Sie es daran, indem Sie langsam beginnen und seine Geduld belohnen.

2. Nehmen Sie Ihre Arme in die Seithalte und schwingen Sie sie vor und zurück. Wenn Sie sich dabei in der Taille festhalten, werden sich Ihre Füße mitbewegen, üben Sie solange, bis sie absolut ruhig hängen.

3. Lassen Sie die Arme kreisen, um die Schultermuskulatur zu lockern – beobachten Sie dabei auch Ihre Füße.

4. Schütteln Sie die Hände, um Handgelenke und Finger zu entkrampfen.

5. Legen Sie sich zurück, bis Sie auf dem Pferderücken liegen, Ihr Kopf auf seiner Kruppe. Ist Ihr Rücken entspannt, gehen Ihre Füße dabei nicht nach vorne.

6. Legen Sie beim Reiten Ihre Hände auf oder hinter Ihren Kopf, oder auf Ihre Schultern. Halten Sie Ihre Arme so weit zurück, daß Sie Ihre Ellenbogen nicht sehen können, dann sind Ihre Schultern in der richtigen Position.

7. Reiten Sie mit nach vorne ausgestreckten Armen, wie das Mädchen im Bild. Wenn Sie in der Taille mitgehen und Ihre Schultern ruhig halten, werden Ihre Hände ruhig bleiben. Dies ist eine hervorragende Übung, sich selbst im Trab oder Galopp zu überprüfen. Noch besser ist es allerdings, mit dem ausgestreckten Arm ein Glas Wasser zu halten,

Sie bekommen Ihre Knie in die richtige Position, wenn Sie die Füße hinter dem Sattel auf den Pferderücken legen. Nehmen Sie die Füße wieder herunter, achten Sie darauf, daß Ihre Knie nicht nach vorne rutschen. Die Reiterin hat übrigens eine sehr gute Haltung. Wenn Sie Ihre Zehenspitzen berühren, vergewissern Sie sich, daß Ihr anderes Bein nicht zur Flanke des Ponies rutscht. Wenn Sie das geschafft haben, machen Sie das gleiche auf der anderen Seite.

ohne daß dabei auch nur ein einziger Tropfen verlorengeht.

Machen Sie diese Übungen zunächst im Stand und im Schritt. Wenn Sie sich sicherer fühlen, auch in einer schnelleren Gangart, ohne Steigbügel oder ohne Sattel. Sie sehen, reiten, wenn ein Helfer das Pferd unter Kontrolle hat, kann spannend und lustig sein. Je länger Sie damit zubringen, Ihren Sitz zu verbessern und Ihren Körper zu beherrschen, desto leichter wird es später für Sie sein, wenn Ihre Zeit gekommen ist, das Pferd selbst zu führen. Denken Sie aber immer daran, daß es nicht reicht, die Übungen nur zu machen, sondern daß es darauf ankommt, *wie* sie ausgeführt werden. Seien Sie immer locker und entspannt, nicht verkrampft, und machen Sie keine ruckartigen Bewegungen.

Beim Umgang mit Pferden können Sie durch Entspannung, Beobachtung und gedankliche Reflexion viel lernen und sich auch reiterlich verbessern. Finden Sie heraus, wie Pferde angefaßt werden wollen, wie man sie führt und putzt, und welche Rolle ihre Augen spielen. Achten Sie darauf, wie sich erfahrene Pferdeleute bewegen. Sie sind immer ruhig, besonnen und nicht in Eile, und die Pferde fühlen sich in ihrer Gegenwart sicher.

Der Schritt

Schritt ist ein Viertakt: Man kann hören, wie ein Pferd seine Füße immer »eins-zwei«, »drei-vier« setzt.

Auf der Bildfolge rechts bewegt das Pferd seine Hufe in der Reihenfolge: hinten rechts, vorne rechts, hinten links, vorne links. Wie man sieht, haben immer zwei oder drei Hufe Bodenkontakt. Im Schritt fühlt sich ein Pferd am sichersten (in schnelleren Gangarten kann es nicht so gut sehen), und normalerweise will es gerne Schritt gehen, wenn es dem Untergrund mißtraut oder sich in einer völlig fremden Umgebung befindet.

Das Pferd geht einen raumgreifenden, fleißigen Schritt. Der Hinterhuf tritt fast in die Spur des gleichseitigen Vorderhufes, ist das der Fall, ist der Schritt genügend. Fußt der Hinterhuf weit hinter der Spur des Vorderhufes, ist der Schritt gebunden, das Pferd ist nicht losgelassen. Überprüfen Sie die Hufabdrücke Ihres Pferdes, wenn Sie über sandigen oder morastigen Untergrund reiten.

Jedesmal, wenn das Pferd ein Hinterbein vorführt, wird auch der Reiter ein bißchen nach vorne geworfen. Das fühlen Sie als Serie schwacher Stöße von hinten. Auf den Fotos kann man erkennen, wie diese vom Rücken der Reiterin geschmeidig absorbiert werden.

Jedesmal, wenn das Pferd ein Vorderbein vorführt, streckt es Kopf und Hals vorwärts. Wenn die Reiterhand diesen Bewegungen nicht folgt, spannt sich der Zügel bei jedem Schritt, und das Pferd geht gebunden.

Auf den Fotos ist zu erkennen, daß die Reiterhand den Bewegungen des Pferdekopfes folgt. Die Arme sind locker; die Reiterin hält die Zügel so leicht, daß sie die kleinste Bewegung des Pferdekopfes über den Zügel spürt. Bevor Sie versuchen, auch nur irgendetwas mit den Zügeln zu machen, überzeugen Sie sich, daß Ihre Hände leicht und unabhängig sind, damit das Pferd seinen Kopf bewegen kann.

Wenn Sie das erste mal Schritt reiten, denken Sie daran, tief einzusitzen, sich keinesfalls in den Steigbügeln abzustützen. Reiten Sie auch ganz ohne Steigbügel. Experimentieren Sie, machen Sie Ihren Rücken fest, um danach wieder locker mitzuschwingen. Sie werden feststellen, daß das Pferd, wenn Sie Ihren Rücken verspannen, sich ebenfalls festhält, so daß es kürzere, verspannte Schritte macht. Je mehr Ihr Rücken mitschwingt, desto mehr schwingt auch der Rücken Ihres Pferdes und desto freier schreitet es.

Mit etwas Erfahrung kann man fühlen, daß

Sie werden fühlen, daß das Pferd Sie im Schritt hin- und herschaukelt, wie auf den Bildern rechts zu sehen ist. Wenn das Pferd einen Hinterfuß vorführt, kann man spüren, wie sich die Hüfte auf der Seite hebt. Sie senkt sich wieder, wenn der Fuß nach hinten geht, während der andere abfußt. Die nachgezogene Linie zeigt, wie die Hüften des Pferdes sich heben und senken. Sie spüren diese Bewegungen aber nur dann deutlich, wenn Ihre Wirbelsäule gerade und locker, also nicht verspannt ist. Üben Sie, am besten bergab oder ohne Sattel, das Schreiten des Pferdes zu fühlen, so daß Sie immer genau wissen, welches Bein gerade abfußt.

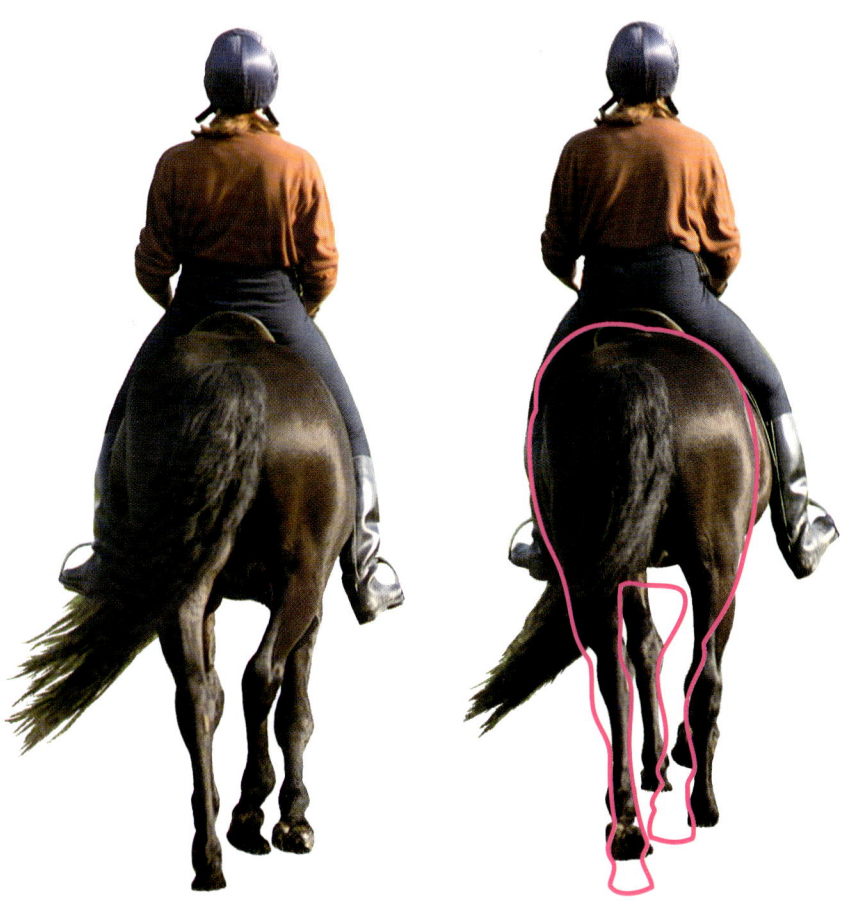

ein Pferd verschiedene Arten von Schritt gehen kann. Es kann schlurfend dahintrotten, was allerdings in keiner Reitdisziplin gerne gesehen wird. Es kann aber auch ungebunden und frei vorwärtsschreiten wie hier. Wenn es aber etwas Interessantes sieht oder in den Trab fallen will, hebt es Hals und Kopf und das Pferd scheint sich mehr aufzurichten. Sie können spüren, wie sich der Rücken mehr aufwölbt, das ganze Pferd scheint plötzlich unter Spannung zu stehen und energiegeladen zu sein. Diese Gangart heißt »versammelter« Schritt, denn es fühlt sich an, als ob das Pferd sich selbst zusammengestellt hat. Die Schritte werden kürzer und erhabener. Sie können die Hilfen erlernen, um ein Pferd zum versammelten Schritt aufzufordern.

Das Pferd kann auch längere Schritte machen. Wieder kann man fühlen, wie der Rücken des Pferdes arbeitet und schwingt, aber das Pferd möchte sich mehr vorwärts-abwärts strecken. Ein Pferd schlägt diese Gangart häufig dann ein, wenn es sich auf dem Nachhauseweg befindet und nicht zum Traben aufgefordert wurde. Die Schritte werden nicht eiliger, aber raumgreifender. Diese Gangart heißt »starker« Schritt.

Versuchen Sie, die Unterschiede zwischen diesen verschiedenen Tempi im Schritt zu fühlen, schauen Sie sich auch die Hufabdrücke an. Im Mittelschritt (normaler Schritt) tritt das Pferd knapp über, im versammelten Schritt tritt das Pferd in die Spur seiner Vorderhufe und im starken Schritt tritt es weit über: Die Hinterhufe fußen zwei oder drei hufbreit über den Abdruck der Vorderhufe. (Man kann die Hufspuren leicht unterscheiden, denn die Vorderhufe hinterlassen einen runden, die Hinterhufe einen mehr ovalen Abdruck.) Je mehr Sie zu verstehen und zu erfühlen versuchen, was das Pferd unter Ihnen macht, und was es alles machen kann, desto leichter werden Sie sich in die schwierigeren Lektionen hineinfinden.

Der Trab: Aussitzen

Im Trab bewegt das Pferd immer zwei Beine gleichzeitig: Man hört zwei Takte, nicht vier. Das Pferd führt sein linkes Vorder- und rechtes Hinterbein gleichzeitig vor (linke Diagonale), dann sein rechtes Vorder- und linkes Hinterbein (rechte Diagonale). Zwischen den Tritten liegt eine Schwebephase, alle vier Füße befinden sich in der Luft. Wenn Sie Ihren ersten Trab reiten, fühlen Sie diese regelmäßigen, unangenehmen Stöße deutlich. Trab kann man auf zwei verschiedene Arten reiten: Aussitzen oder Leichttraben.

Die Bildfolge zeigt den ausgesessenen Trab. Die Reiterin absorbiert die Bewegungen des Pferdes mit dem Kreuz, dabei schiebt sie die Hüfte bei jedem Tritt vor, so daß die Wirbelsäule vor- und zurückschwingt. Sie klammert nicht mit den Beinen und ihre Schultern sind zurückgenommen.

Wenn Sie Ihre ersten Versuche starten, werden Sie wahrscheinlich zu verspannt sein. Ist aber Ihr Rücken fest, kann die Wirbelsäule nicht wie eine Feder die Trabtritte abfangen. Klammern Sie mit den Beinen, schiebt sich Ihr Gesäß nach hinten heraus, und Sie empfinden die Stöße als noch schlimmer. Lehnen Sie sich nach vorne, verändern Sie die natürliche Wirbelsäulenkrümmung, und Sie werden noch mehr geworfen. Also nehmen Sie die Schultern zurück und entspannen Sie Ihre Beine. Es empfiehlt sich am Anfang, ohne Steigbügel auszusitzen, dann geraten Sie erst gar nicht in die Versuchung, sich hineinzustellen. Wenn Sie immer noch geworfen werden, greifen Sie mit einer Hand vorne in den Sattel und ziehen sich tiefer hinein, machen die Beine lang und nehmen die Schultern zurück. Lehnen Sie sich zurück, aber schieben Sie Ihren Bauchnabel weiterhin Richtung Pferdeohren. Wenn Sie erst einmal erkannt haben, daß Sie nicht gleich abgeworfen werden, werden Sie sich entspannen und anfangen zu fühlen, wie Ihre Wirbelsäule die Trabtritte ausfedert. Sobald Sie sich sicherer fühlen, überprüfen Sie, ob Sie noch aufrecht sitzen und Ihre Beine nicht zu weit nach vorne gekommen sind. Wenn Ihre Beine vollkommen entspannt sind, werden sie gerade herunterhängen.

Ausgesessen wird, wenn das Pferd langsam trabt. In der klassischen Dressur und beim Westernreiter wird immer ausgesessen, auch beim »Schulen« (gemeint ist das Reiten von Hufschlagfiguren zur Verbesserung von Gleichgewicht und Geschmeidigkeit). Aussitzen ohne Steigbügel, die Füße federn tief nach unten, verbessert Ihren Sitz, denn richtig wohl fühlen Sie sich erst, wenn Sie auf Ihrem Gesäß Platz genommen haben und nicht mehr mit den Beinen klammern. Halten Sie die Arme vor sich und schauen Sie, ob sich Ihre Hände auf und ab bewegen, so können Sie überprüfen, ob Sie die Bewegungen des Pferdes tatsächlich mit dem Rücken ausfedern. Bedenken Sie, daß das Pferd seinen Kopf im Trab von Natur aus etwas höher und ruhiger trägt als im Schritt.

Wie im Schritt gibt es auch im Trab verschiedene Tempi. Ein entspanntes Pferd geht einen langsamen, weichen Trab (Jog). Diese Gangart wünscht man sich bei einem Westernpferd. Doch ein aufgeregtes oder verspanntes Pferd trabt mit hohem Kopf und festem Rücken, da das für Reiter und Pferd ermüdend ist, sollte man es unterbinden. Etwas flotter trabt das Pferd im Arbeitstempo: Die Hinterhand ist aktiver, und die Rückentätigkeit ist deutlicher zu spüren. Der versammelte Trab (das abgebildete Pferd zeigt ihn) ist langsamer, obwohl die Hinterhand immer noch aktiv ist, so daß der Rücken deutlich schwingt. Wenn das Pferd den Rücken wölbt, tritt es gleichzeitig mehr durchs Genick. Das können Sie unter Umständen fühlen, wenn das Pferd seine Aufmerksamkeit auf etwas richtet, was ihm nicht ganz geheuer ist und an dem es vorbeitraben soll. Im verstärkten Trab verlängert es seine Tritte gewaltig, wird aber nicht schneller. Der Rücken wölbt sich noch mehr durch das Untertreten der Hinterhand, aber es erweitert dabei seinen Rahmen durch Vorstrecken des Halses. Einige Pferde und Ponies zeigen das in Trabrennen, wenn sie wissen, daß sie nicht galoppieren dürfen.

Pferde können im Trab auch sehr erhabene, kadenzierte Tritte zeigen (*Passage* und *Piaffe*), aber normalerweise zeigen nur Hengste diese Lektionen von sich aus. Auf dem Foto unten sind zwei Trabphasen übereinanderkopiert worden. Man kann sehen, wie der Rücken den Schwung abfängt, wenn das Pferd sich auf- und abbewegt.

Im Trab geht die Bewegung des Pferdes nach vorne, nach oben und nach unten. Die Seitwärtsbewegung der Hüfte ist im Trab nicht so deutlich zu spüren wie im Schritt. Auf einem Pferd mit breiten Hüften kann man allerdings sehr wohl fühlen, welches Hinterbein, und damit welche Diagonale, vorgeführt wird. Bei schmalen Pferden müssen Sie selbst sehr entspannt sein und sich eventuell etwas zurück-

lehnen, um es zu spüren. Es geht leichter, wenn Sie Ihre Augen schließen. (Sie können auch auf die Schulter des Pferdes schauen, aber dabei lehnt man sich leicht zu sehr nach vorne.)

Das Leichttraben

Als früher die Postjungen ihre Post auslieferten, trabten sie so schnell sie konnten, statt zu galoppieren, denn auf unebenen, schlechten Straßen fällt ein Pferd im Galopp leichter hin als im Trab. Bei dem hohen Tempo, das ein guter Traber gehen kann, kann man die Tritte nicht mehr aussitzen. Stattdessen nutzen die Postjungen die Stöße, um bei jedem zweiten Trabtritt aufzustehen. Dies ist das Leichttraben (auch Englischer Trab genannt).

Auf den Fotos steht der Reiter auf, wenn eine Diagonale (die rechte) den Boden berührt, er sitzt ein, wenn die andere auffußt. Hat man den Rhythmus gefunden, ist diese Art zu traben sehr bequem. Man sieht, daß beim Aufstehen das Gewicht des Reiters in die Absätze verlagert wird. Das ist wichtig, denn dadurch kommen die Knie fester an den Sattel, und Ihr Sitz wird sicherer. Wenn Sie sich beim Aufstehen auf die Zehenspitzen stellen, gehen Ihr Gleichgewicht und Ihre Sicherheit verloren.

Wenn Ihr Pferd nicht gerade über einen besonders weichen Trab verfügt, wird Ihnen am Anfang das Leichttraben wahrscheinlich leichter fallen als das Aussitzen. Auch ist es bei dieser Form des Trabens nicht ganz so entscheidend, daß Sie völlig entspannt und geschmeidig sind. Üben Sie die Bewegung des Leichttrabens zunächst im Halten, bis Sie es flott können und es Ihnen leicht fällt. Sie sollten dabei weder das Gleichgewicht verlieren, noch Ihre Beine bewegen, Ihre Hände zum Festhalten benutzen, oder dem Pferd unsanft in den Rücken fallen. Es fällt Ihnen leichter, wenn Sie sich darauf konzentrieren, Ihre Hüften in Richtung Pferdeohren zu bringen. Achten Sie darauf, die Absätze nach unten zu federn, so daß Ihre Knie fest am Sattel sind.

Nun versuchen Sie das Leichttraben im Schritt, zählen Sie »Eins, zwei«, wenn die Vorderfüße des Pferdes auffußen: Stehen Sie bei »Eins« auf, und setzen Sie sich bei »Zwei« wieder hin. Dann versuchen Sie es im Trab. Wenn Sie es schwierig finden, aufzustehen, ohne sich weit vornüberzulehnen, dann sind Ihre Füße vielleicht zu weit vorne. Haben Sie Schwierigkeiten, den Rhythmus zu finden, halten Sie sich an der Mähne fest, stellen sich in die Bügel, bis Sie den Rhythmus der Trabtritte spüren, und dann versuchen Sie, sich jeden zweiten Tritt hinzusetzen. Bevor Sie beim Leichttraben die Zügel in die Hand nehmen, müssen Sie aufstehen können, ohne sich irgendwo festhalten zu müssen. Wenn Sie sich an den Zügeln festhalten müssen, um Ihr Gleichgewicht

0

2,5
Meter

zu halten, dann ruinieren Sie die Sensibilität des Maules Ihres Pferdes. Man braucht gar nicht sehr hoch aufzustehen: Je höher sie aufstehen, desto härter kommen Sie wieder in den Sattel zurück. Wenn Sie sicherer sind, versuchen Sie, weniger aufzustehen, bis Sie sich schließlich nur noch vom Sattel lösen.

Wenn Sie auf dem Zirkel reiten, traben Sie auf dem inneren Hinterfuß, d.h. wenn Sie auf der linken Hand reiten, stehen Sie auf, wenn das rechte Vorderbein und das linke Hinterbein nach vorne gehen. Sie unterstützen damit das innere, tragende Hinterbein, denn wenn es auffußt, sitzen Sie ein.

Wenn Sie eine Acht traben, wechseln Sie beim Durchreiten der Mitte, also bei der Richtungsänderung, die Hand. Um umzusitzen, brauchen Sie nur einmal mehr sitzenzubleiben und stehen dann wieder auf.

Auf Wanderritten, oder wenn Sie auf gerader Linie traben, vergessen Sie nicht, in regelmäßigen Abständen den Fuß zu wechseln, damit das Pferd gleichmäßig belastet wird. Das ist wichtiger, als es vielleicht zunächst scheint. Als Anfänger hat man häufig das Gefühl, auf der einer Hand besser leichttraben zu können als auf der anderen, viele gewöhnen es sich dann an, immer nur die eine Hand zu benutzen. Das hat dann zur Folge, daß die Muskulatur des Pferdes sich allmählich ungleichmäßig entwickelt, das Pferd wird schief. Manchmal stellen Sie auch fest, daß sich ein Pferd leicht nach rechts, aber fast überhaupt nicht nach links wenden läßt (oder umgekehrt), und es wird immer schwieriger, es im Trab zu halten, wenn man auf der unbequemen Seite leichttrabt.

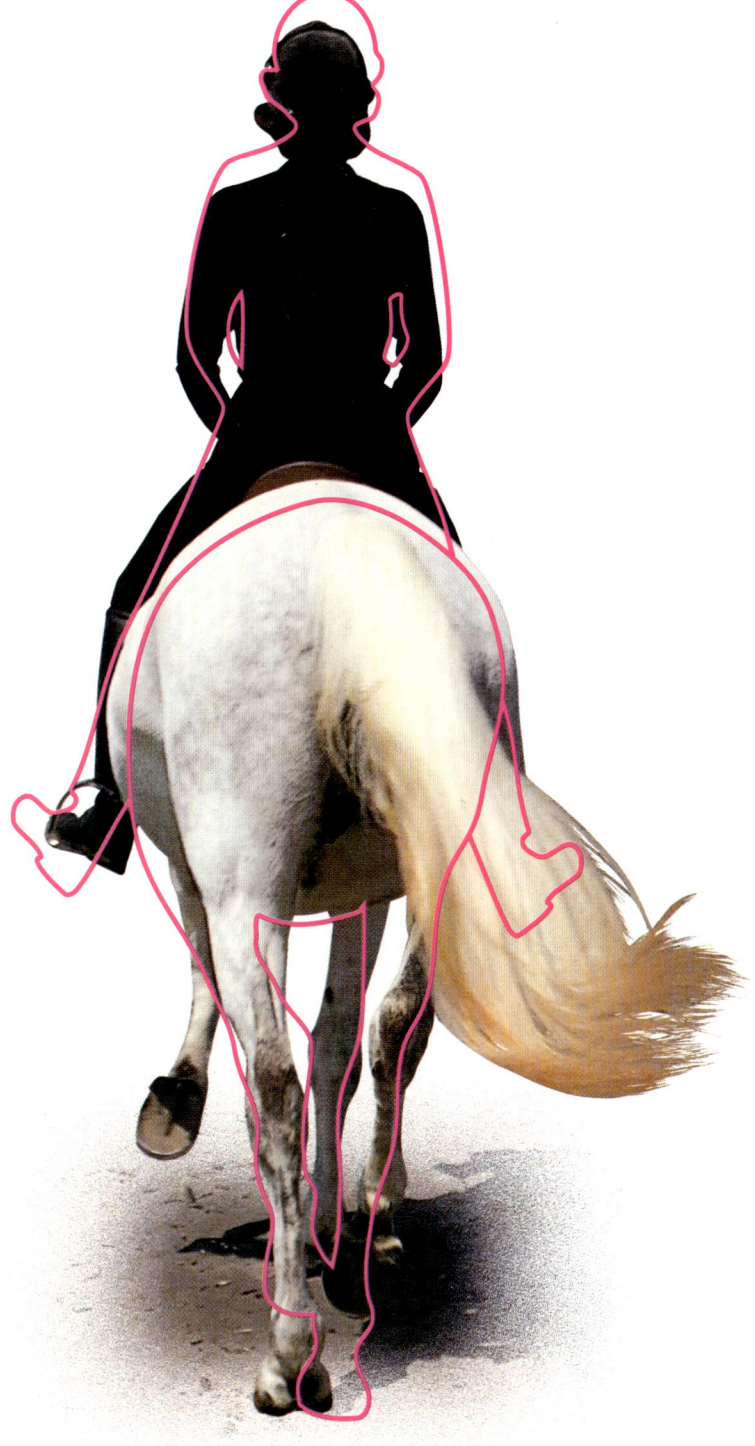

Pferd und Reiter beim Leichttraben, Die Linie wurde hineinkopiert, um die Hüftbewegungen des Pferdes zu zeigen.

Der Galopp (Canter)

Die Reiterin auf den Fotos oben sitzt im Galopp, ohne dem Pferd in den Rücken zu fallen, weil sie die Bewegungen des Pferdes im Rücken ausschwingt. Sie hält die Schultern still, aber ihre Hände folgen den Bewegungen des Pferdekopfes. Ihre Beine sind völlig entspannt. Sie reitet hier ohne Sattel, so daß es deutlich wird, daß sie weder Steigbügel noch Sattel benötigt: Ihr Sitz ist der gleiche wie auf Seite 16, außer daß ohne Steigbügel die Zehenspitzen nach unten zeigen. Wie beim Aussitzen ist das Sitzen im Galopp einfacher, wenn das Pferd langsam geht und Rücken und Beine des Reiters völlig unverkrampft sind.

Der Galopp ist ein Dreitakt mit einer Schwebephase, in der alle vier Hufe des Pferdes in der Luft sind. In den anderen Phasen berührt das Pferd mit einem, zwei oder drei Hufen den Boden. Dieser Galopp belastet die Beine des Pferdes mehr als der Trab, in dem das Gewicht immer von zwei Beinen aufgenommen wird, niemals nur von einem.

Dieses Pferd geht im Rechtsgalopp, man sieht deutlich, daß das rechte Vorderbein am weitesten vorgreift. Jeder Galoppsprung beginnt allerdings mit dem entgegengesetzten Hinterbein, genau wie im Arbeitsgalopp. Zunächst senkt das Pferd die Kruppe, während es die Hinterbeine vorführt. Das linke Hinterbein wird zuerst aufgesetzt. Während es sich auf dieses Hinterbein stützt und seinen Körper nach vorne bringt, fußen das rechte Hinter- und das linke Vorderbein, dabei streckt das Pferd seinen Körper und Hals. Dann verlagert sich das Gewicht auf das führende Vorderbein (hier das rechte), der Rücken wölbt sich wieder mehr auf, weil das Pferd die Hinterbeine wieder vorführt. Anschließend erfolgt die Schwebephase. Der Unterschied zwischen Canter und Renngalopp liegt darin, daß im Galopp ein diagonales Beinpaar gleichzeitig fußt, im Renngalopp dagegen nacheinander.

In diesem relativ schnellen Galopp bewegt sich der Kopf des Pferdes deutlich vor und zurück, während es seinen Rücken streckt und wölbt. Vielen Pferden fällt es schwer, langsamer zu galoppieren, sie müssen zunächst entsprechend ausgebildet werden, falls das der Fall ist, kann es für Sie am Anfang schwierig sein,

auszusitzen. Dabei liegt das Problem dann an Verspannungen im Rücken und in den Beinen des Reiters. Wenn Sie nämlich mit den Beinen klammern oder versuchen, sich in den Steigbügeln abzustützen, werden Sie noch mehr geworfen. Das Verlieren der Steigbügel ist ein Zeichen dafür, daß Sie tatsächlich mit den Beinen klammern. Sie fühlen sich am Anfang sicherer, wenn Sie einen Riemen um den Hals des Pferdes schnallen, an dem Sie sich festhalten, dabei lehnen Sie sich leicht zurück und schieben die Hüfte Richtung Pferdeohren.

Achten Sie darauf, daß sich bei Ihnen nicht einer der Fehler festsetzt, die man selbst an erfahrenen Reitern beobachten kann. Man sollte sich nicht zu weit zurücklehnen und sich mit den Absätzen festhalten. Auf einem sehr triebigen Pferd mag das funktionieren, aber Pferde mit etwas mehr Vorwärtsdrang werden sofort mit Ihnen losrennen. Der zweite Fehler ist das Vor- und Zurückschaukeln des Oberkörpers, wie auf einem Schaukelpferd, dabei ist der Reiter in der Taille fest. Dadurch bringt man das Pferd aus dem Gleichgewicht, seine Gangart wird hart und ausdruckslos.

Wenn Sie selbst, statt zu laufen, sich galoppierend vorwärtsbewegen, werden Sie feststellen, daß man leicht in die Richtung des führenden Beines abwenden kann, problematischer ist es in die andere Richtung. Auch ein Pferd führt auf dem Zirkel mit dem inneren Bein. Ist es allerdings auf einer Seite steifer (das gilt für viele Pferde), versucht es wahrscheinlich, immer nur auf einer Hand zu gehen, egal, auf welcher Hand man gerade reitet, oder es

drückt deutlich seinen Unwillen aus, wenn es auf der unbequemen Hand galoppieren soll. Auf den Seiten 108–112 finden Sie Übungen, die das Pferd geschmeidiger machen, oder Sie reiten über sehr unebenen Boden.

Man fühlt, auf welcher Hand ein Pferd galoppiert, wenn man auf gerader Linie reitet, denn man merkt den Vorwärtsstoß der gegenüberliegenden Hüfte, gefolgt von einer rollenden Bewegung auf das führende Vorderbein. Ihre Hüfte auf der führenden Hand ist geringfügig vor der anderen (versuchen Sie, das zu fühlen). Wechselt das Pferd den Galopp, erfolgt dieses meist in der Schwebephase (fliegender Galoppwechsel). Versuchen Sie, dieses Wechseln zu fühlen, damit Sie sich nicht nach vorne lehnen müssen, um durch einen Blick auf die Schulter des Pferdes zu sehen, in welchem Galopp es sich befindet.

Wie im Schritt und Trab gibt es auch im Galopp verschiedene Tempi. Auf den Fotos sieht man einen normalen Arbeitsgalopp. Im versammelten Galopp verkürzt das Pferd den Rücken, springt mehr unter und richtet sich mehr auf. Das fällt Pferden nicht so leicht wie der versammelte Trab oder Schritt. Ein versammelter Galopp ist langsamer als Arbeitstrab; ein optimal versammeltes Pferd kann langsamer galoppieren als ein Mensch geht.

Westernpferde werden dazu ausgebildet, sehr langsam zu galoppieren, doch manchmal geht ihnen dabei jegliche Bewegungsfreiheit verloren, und sie hoppeln nur noch herum, wobei jeder Huf einzeln aufgesetzt wird. Das ist kein Galopp mehr.

In dieses Photo wurde die Rückenlinie des Pferdes aus einer anderen Phase des Galoppsprungs hineinkopiert, so daß man die Bewegungen eines geschmeidigen Rückens sehen kann. Das Heben des Rückens und das Abdrücken der Hinterhand geben dem Reiter einen Stoß nach vorne. Sind Rücken und Beine des Reiters verspannt, wird er geworfen. Wenn Sie sich vornüberlehnen, verkrampft sich Ihr Rücken und Sie werden noch stärker geworfen.

Im verstärkten Galopp verlängert das Pferd seinen Galoppsprung. Wird das Pferd schneller, fühlt der Reiter einen plötzlichen Ruck, wenn das Pferd in den Renngalopp übergeht. Dann hört man vier, nicht mehr drei Takte.

Der Renngalopp

In dieser Gangart, die schnellste für ein Pferd, bewegt es die Beine fast wie im normalen Galopp, doch das diagonale Beinpaar fußt nicht gleichzeitig auf. Man hört vier schnelle Hufschläge, dann eine Pause. Die Fotos zeigen das Pony von Seite 10, diesmal mit Reiter. Es läuft sehr schnell. Der Rücken wird in der Dreibeinphase mehr gestreckt und beim Nachholen der Hinterbeine mehr aufgewölbt, das Abfußen der Hinterbeine ist stärker und die Rückentätigkeit nimmt zu, die Bewegungen des Pferdes sind erheblich stärker zu fühlen.

Die meisten Reiter finden es schwierig, häufig sogar unmöglich, in diesem Tempo noch auszusitzen. Wenn Sie das Gesäß vom Sattel lösen, wie der Reiter auf den Fotos, können Sie die Bewegungen besser absorbieren: Sie geben gleichzeitig dem Pferd mehr Rückenfreiheit. Beim klassischen Reiten sind die Steigbügel zu lang, um sich vom Sattel zu lösen, dort kennt man diese Gangart praktisch nicht. Die etwas kürzeren Bügel des zentralen Sitzes sind dagegen dafür geeignet. Der gute Knieschluß und die tiefen Absätze halten die Reiterin im Gleichgewicht; sie verlagert ihr Gewicht in ihre Absätze, so daß die Knie am Sattel bleiben. Sie hat ihr Gesäß vom Sattel gelöst, ihre Hände folgen den Bewegungen des Pferdekopfes.

Wenn Sie diese Fotos mit denen vergleichen, wo das Pony frei, d.h. ohne Reiter, galoppiert, werden Sie feststellen, daß seine Bewegungen identisch sind, obgleich es auf den Fotos oben 15–20% seines Körpergewichts zusätzlich tragen muß. Das wird dem Pony nur dadurch ermöglicht, daß der Reiter im Gleichgewicht sitzt und sich den Bewegungen des Ponies anpaßt.

In dieser Gangart ist es schon schwieriger zu fühlen, auf welcher Hand das Pferd galoppiert, da der Rücken des Reiters keinen Kontakt mit dem Pferd hat. Man fühlt aber immer noch die rollende Bewegung auf das führende Vorderbein und auch, wenn das Pferd den Galopp wechselt. Ist das Pferd steif, zieht es leicht zu der Seite des führenden Vorderbeins, es galoppiert dann nicht auf gerader Linie.

Sowohl im Galopp als auch im Renngalopp führt das Pferd vorne mit dem gleichen Bein

wie hinten. Wenn es also auf der rechten Hand galoppiert, fußen das linke Vorder- und Hinterbein vor den rechten. Manchmal wechselt das Pferd den Galopp nur vorne, nicht hinten. Das nennt man Kreuzgalopp. Dieses Pony hier geht im Kreuzgalopp, sein rechtes Vorder- und Hinterbein fußen gleichzeitig. Sie können sehen, diese Gangart macht keinen sehr bequemen Eindruck. Säßen Sie auf seinem Rücken, würden Sie fühlen, daß irgendetwas sehr Merkwürdiges passiert. Vergleichen Sie dieses Foto mit dem fünften in der Bildfolge, dann werden Sie den Unterschied sehen.

Normalerweise springt das Pferd beim nächsten Galoppsprung erneut um, so daß es dann wieder richtig galoppiert; wenn es das nicht macht, sollten Sie durchparieren und neu angaloppieren, denn das Pferd könnte einen Rückenschaden davontragen. Im Kreuzgalopp gehen häufig junge, steife und nicht ausbalancierte Pferde; dieses Pony ist alt, überaus geschmeidig und ausbalanciert: Es tobt nur ausgelassen herum und ist auf dem falschen Fuß gelandet.

Bergauf und bergab

Wenn Sie Hänge hinauf- und hinunterreiten, müssen Sie genauso ausbalanciert sein, als ob Sie auf Ihren eigenen Füßen stehen. Ihre Körperachse verläuft immer noch vertikal, auch wenn sich der Körper des Pferdes unter Ihnen nach oben oder unten neigt. Dazu müssen Sie sich beim Bergaufreiten relativ zum Pferd nach vorne lehnen, beim Bergabreiten entsprechend nach hinten.

Die Reiterin auf diesem Foto geht beim Bergaufreiten in den leichten Sitz, ihr Gewicht hat sie auf die Knie verlagert, dadurch wird ihr Knieschluß fest und sicher. Macht der Reiter dem Pferd den Rücken frei, kann das Pferd vollen Schub aus der Hinterhand entfalten. Die Reiterin geht mit den Händen weiter vor, denn das Pferd muß seinen Hals mehr strecken können als gewöhnlich.

Reitet man einen steilen oder schwierigen Hang hinauf, wird das Pferd eilig werden und krabbeln müssen. Ihre Aufgabe ist es, dem Pferd dabei jede Freiheit zu geben, damit es die Anforderung ganz nach eigenem Ermessen bewältigen kann. Die größte Gefahr liegt darin, daß Sie, wenn Sie Ihr Gleichgewicht verlieren, sich plötzlich in den Sattel setzen, so daß das Pferd sich nicht mehr frei bewegen kann, und daß Sie an den Zügel ziehen, um zu verhindern, daß Sie herunterrutschen. In dem Fall wird das Pferd rückwärts den Abhang herunterschliddern. Um sicherzustellen, daß das nicht passiert, greifen Sie ungefähr in der Mitte des Halses in die Mähne. Dann folgen Ihre Hände jeder Bewegung des Pferdehalses, Sie ziehen nicht an den Zügeln und kommen auch nicht so schnell aus dem Gleichgewicht. Achten Sie darauf, weit genug nach vorne zu gehen und Ihr Gewicht in die Knie und Absätze zu verlagern. Wenn Sie sich auf die Zehenspitzen stellen, rutschen Ihre Beine nach hinten, und die Steigbügel können aus den Sturzfedern gleiten.

Werden Sie ohne Zügel geführt, sollten Sie trotzdem Ihre Hände nach vorne bringen, dadurch können Sie Ihr Gleichgewicht besser halten. Auch wenn Sie schon zu den Fortgeschrittenen gehören, sollten Sie die Hände auf den Hals des Pferdes legen und auch nicht darüber erhaben sein, in die Mähne zu greifen, wenn es einen schwierigen Steilhang bewältigt. Das Pferd kann plötzlich einen Sprung nach vorne machen, und falls Sie der Bewegung nicht folgen können, sondern ihm sogar noch wehtun oder es gar verletzen, indem Sie plötzlich an den Zügeln ziehen, dann wird das Pferd eine Abneigung gegen solche Hänge entwickeln.

Nehmen Sie diese Haltung auch ein, wenn Sie sich relativ langsam einem Graben nähern. Springt das Pferd, dann macht es fast die gleiche Bewegung wie beim Sprung am Hang. Das Problem ist, daß es häufig zunächst anhält und überlegt, und dann ganz unerwartet springt. Einige Pferde machen nur einen etwas größeren Schritt über einen Graben, andere machen Sätze, als ob der Graben mehrere Meter breit sei. Wenn Sie sich nach vorne lehnen und in die Mähne greifen, werden Sie zusammen unversehrt auf der anderen Seite ankommen, wie auch immer das Pferd sich entscheidet.

Beim Bergabreiten lehnen Sie sich etwas zurück, stützen sich dabei in den Steigbügeln ab, halten aber die Absätze tief. Dadurch verrin-

gern Sie die Belastung für den Rücken des Pferdes. Wenn Sie voll sitzen bleiben, machen Sie dem Pferd die Aufgabe nur schwerer. Geht Ihr Pferd einen sehr steilen Abhang hinab, gibt es Ihnen am Anfang ein Gefühl der Sicherheit, wenn Sie die Füße nach vorne strecken, aber auch dabei müssen die Absätze immer tief bleiben.

Lassen Sie die Zügel lang. Je steiler der Hang, desto mehr Zügelfreiheit muß das Pferd haben. Um den Boden sehen zu können, muß das Pferd den Kopf tief nehmen, das kann es nicht, wenn Sie die Zügel festhalten. Wenn Sie schon an steilen Hängen geführt worden sind, wird es Ihnen nicht viel ausmachen, sie zu bewältigen, ohne etwas vor sich zu haben; kennen Sie aber das Reiten an Hügeln noch nicht, wenn Sie anfangen, mit Zügeln zu reiten, dann kann Ihnen die Vorstellung, den Hals des Pferdes nicht mehr zu sehen, durchaus Angst machen. Wenn Sie aber ein Pferd daran hindern, den Kopf nach unten zu nehmen, wird es sich wehren, um Sie dazu zu bringen, ihm mehr Zügel zu geben, Sie denken dann wahrscheinlich, es will losrennen. Pferde sind schlau genug, um nicht im Galopp steile Hänge hinabzurennen, aber sie sind sehr beunruhigt, wenn sie nichts sehen können aber wissen, daß es gefährlich wird. Viele Pferde weigern sich auch, steile Hänge hinunterzugehen,

wenn sie spüren, daß der Reiter nicht im Gleichgewicht sitzt. Bergab zu traben oder zu galoppieren wirft den Reiter erheblich mehr als auf ebener Strecke, denn das Pferd dreht seine Hüften mehr. Halten Sie immer die Absätze tief, dann geben Sie den Rücken des Pferdes frei und werden nicht geworfen.

Bergauf- und Bergabreiten, besonders an steilen Hängen, verbessert Ihren Sitz erheblich schneller als das Reiten auf ebenem Boden, Sie sollten also beim Ausreiten jeden Hügel mitnehmen, den Sie finden können. Gleichzeitig verbessern Sie das Gleichgewicht des Pferdes, seine Geschmeidigkeit und Aufmerksamkeit, und seine Muskulatur entwickelt sich ebenfalls besser.

Vielleicht finden Sie irgendwo die Anleitung, sich beim Bergabreiten nach vorne zu lehnen. Im leichten Sitz macht man das wirklich, aber da sind die Bedingungen auch meistens ganz anders. Der leichte Sitz ist entwickelt worden für *schnelles* Reiten im Gelände. Wälle werden im Galopp genommen; längere Bergabstrecken sind normalerweise nicht sehr steil, und auch dort wird schnell geritten. Das ist nichts für Anfänger. Der Reiter im leichten Sitz kann das auch nur schaffen, weil er die Steigbügel kurz hat und die Knie fest an den Sattelpauschen abstützt.

Sitzübungen: Longenarbeit

Wenn Sie das erstemal auf einem Pferd sitzen, ist es ganz normal, daß Ihr Körper, an diese merkwürdige Haltung nicht gewöhnt, sich verkrampft und versteift. Das gilt vor allem dann, wenn Sie auch noch besorgt darüber nachdenken müssen, wie Sie denn dem Pferd nun mitteilen, was es machen soll. In Ihren ersten Stunden sollten Sie sich um nichts anderes kümmern müssen als um Ihren Sitz, und um das Erfühlen der Bewegungen des Pferdes, bis Sie sich in jeder Gangart sicher und zufrieden fühlen. Jemand anders muß das Pferd unter Kontrolle halten. Dazu gibt es verschiedene Möglichkeiten. Wenn Sie schon länger reiten, sich aber verbessern wollen, empfiehlt es sich, noch einmal wieder ohne Zügel zu reiten, denn nur dann können Sie sich ausschließlich darauf konzentrieren, Ihren Sitz zu verbessern. Man kann es gar nicht oft genug hervorheben, daß das Pferd auf Verspannungen und Gleichgewichtsprobleme des Reiters reagiert, genauso wie auf alles andere, was der Reiter macht.

Longenarbeit

An der Longe, einer langen, gewebten Leine, bewegt sich das Pferd im Kreis um den Longenführer herum. Der Longenführer dreht sich auf der Stelle, so daß er immer seine Augen auf die Körpermitte des Pferdes gerichtet hält, die Hand, in der sich die Longe befindet, zeigt zum Pferdekopf. Falls notwendig, hält der Longenführer in der anderen Hand eine Peitsche, die, hinter dem Pferd eingesetzt, vorwärtstreibend wirkt, auf den Gurt gerichtet verhindert sie, daß das Pferd in den Zirkel hineinkommt. Sonst wird das Pferd mit der Stimme kontrolliert, mit der Longe werden halbe Paraden gegeben, um das Pferd langsamer zu machen. Auf Seite 110 finden Sie mehr Details zum Thema Longieren.

Longieren, um die Bewegungen eines Pferdes zu verbessern, ist eine Kunst, verlangt eine besondere Ausrüstung und ist sehr schwer zu erlernen. Doch Longieren, um den Sitz eines Reiters zu verbessern, ist längst nicht so schwer. Ist das Pferd allerdings nicht daran gewöhnt, dann denken Sie daran, daß es für das Pferd zunächst langweilig und ermüdend ist. Longieren Sie es am Anfang nicht länger als zehn Minuten: Loben Sie es, wenn es seine Sache gut macht und auf Kommando anhält; und denken Sie daran, daß Sie das Pferd auf beiden Händen gleichmäßig arbeiten.

ohne. Wenn Sie auf dem Pferd sitzen, bitten Sie den Longenführer, genau auf Ihren Sitz zu achten. Der am häufigsten bei Anfängern auftretende Fehler ist das Vornüberlehnen des Oberkörpers. Versuchen Sie, Brust und Bauch nach vorne zu bringen, nicht einzuziehen. Ein gut funktionierender Trick ist, sich vorzustellen, Ihr Nabel sei mit einem elastischen Band mit den Pferdeohren verbunden.

Achten Sie darauf, daß Ihre Absätze nicht am Bauch des Pferdes klammern; rennt das Pferd los, haben Sie es getan! Wenn es Ihnen schwerfällt, beim Aussitzen die Beine zu entspannen, halten Sie sich vorne am Sattel fest, lehnen sich etwas zurück und ziehen Ihr Gesäß in den Sattel und lassen die Beine einfach baumeln. Sobald Sie sich dabei entspannen, geht es genauso leicht ohne Festhalten.

Alle Übungen können Sie an der Longe machen. Eine weitere Aufgabe kann darin bestehen, daß der Longenführer ein Bein des Pferdes benennt, und Sie müssen, wenn dieses Bein den Boden berührt, in die Hände klatschen. Achten Sie darauf, den Kopf dabei oben zu halten: Wenn Sie nach unten schauen, verändern Sie Ihren Schwerpunkt und die Form Ihrer Wirbelsäule.

Es wird Ihnen sicherlich auch Spaß machen, ohne Sattel zu reiten. Legen Sie eine Decke auf den Rücken des Pferdes, und sichern Sie diese mit einem langen Gurt (z.B. einem Paar Steigbügelriemen), dadurch wird Ihr Gewicht besser verteilt, und es ist auch für Sie nicht so rutschig. Sie sollten genauso sitzen wie mit Sattel. Lassen Sie Ihre Beine lang herunterhängen, Fußspitzen nach unten. Auf einem gleichmäßig gehenden Pferd fällt es Ihnen möglicherweise ohne Sattel leichter, im Galopp auszusitzen. Achten Sie darauf, nicht zu weit hinten zu sitzen, denn dann werden Sie geworfen. Beim Reiten ohne Sattel lösen sich Ihre Verspannungen besser als beim Reiten mit. Außerdem wird Ihnen das herrliche Gefühl vermittelt, dem Pferd wirklich nahe zu sein, Sie spüren seine Wärme und das Spiel seiner Rückenmuskeln.

In der Spanischen Hofreitschule in Wien, wo einige der weltbesten Reiter ausgebildet werden, würden Sie für mindestens sechs Monate täglich Longenstunden erhalten, bevor man Ihnen gestatten würde, die Zügel in die Hand zu nehmen. Streben Sie nach Perfektion. Sehr hilfreich ist es, wenn jemand von Ihnen Fotos macht, oder noch besser, Videos, dann können Sie sich selbst kritisch betrachten.

Links: Die Hände im Nacken zu verschränken hilft, ihre Schulter zurückzunehmen. Dieses Pferd trägt einen Kappzaum, wo die Longe auf dem Nasenrücken befestigt wird. Die Peitsche wirkt vorwärtstreibend.

Oben: Wenn Sie im Trab die Arme nach vorne strecken, können Sie überprüfen, wie sehr Sie noch geworfen werden. Die Arme in Seithalte helfen, die Schultern zurückzunehmen.

Betrachten Sie die Fotos gründlich, denn die genaue Positionen von Pferd und Longenführer sind wichtig. Die Longe ist an der Unterseite eines Halfters eingehakt. Longieren Sie niemals direkt am Gebiß. Das Pferd oben geht gut an der Longe, es braucht keine Peitsche: Es reicht, wenn der Longenführer mit dem freien Ende der Longe wedelt. Kaspert das Pferd herum oder versucht, zwischendurch zu fressen, legen Sie ihm eine Trense auf und befestigen Sie die Zügel hinter den Steigbügelriemen. Achten Sie darauf, daß der äußere Zügel nicht den Kopf des Pferdes nach außen zieht.

Diese Reiter halten ihre Arme in verschiedenen Positionen, mal mit Steigbügeln, mal

Voltigieren: Aufsprung und Grundsitz

Voltigieren (Voltige) ist eine Mischung aus Ballett und Hochleistungssport auf dem Pferderücken. Es ist eine eigenständige Sportart; durch das Voltigieren kann man aber auch ganz entscheidend seinen Sitz und sein Gleichgewicht verbessern, Rhythmus- und Bewegungsgefühl entwickeln und man fühlt Freude, Stolz und Furchtlosigkeit, Gefühle, die jeder Reiter kennen sollte. Außerdem macht es auch sehr viel Spaß.

Wer voltigieren will, muß sich einer Gruppe anschließen: alleine kann man diesen Sport nicht ausüben, denn es ist normalerweise ein Mannschaftssport und man braucht eine spezielle Ausrüstung. Billige oder selbstgemachte

Gurte sollten nicht verwendet werden, denn sie könnten dem Rücken des Pferdes Schaden zufügen.

Jede Reitsportgruppe oder Reitschule sollte dazu angehalten werden, einen Ausbilder und ein Pferd für das Voltigieren zu schulen. Das Pferd sollte kräftig und ausgeglichen sein: Je länger sein Rücken ist, desto mehr Platz steht den Voltigierern für Zweier- und Dreierübungen zur Verfügung. Der Zirkel sollte besonders groß sein, das macht es einfacher für das Pferd und die Voltigierer. Es wird überwiegend im Galopp voltigiert, das Üben erfolgt z.T. auch im Schritt; das Pferd trabt niemals.

Der Rücken dieser Reiterin ist gerade und geschmeidig. Die Arme in Seithalte helfen, die Schultern hinten zu halten und die Brust nach vorne zu bringen, ohne dabei zu verkrampfen. Ihre Beine liegen locker am Pferd; die Zehenspitzen sind nach unten gestreckt, was wiederum verhindert, daß sie mit den Waden klammert. Dieses elegante und so lockerleicht aussehende Sitzen ist die Basis für den zentralen und klassischen Sitz.

Gymnastische Übungen sind für das Voltigieren unerläßlich, denn Sie müssen fit und geschmeidig sein.

Der Aufsprung ist eigentlich gar nicht so
schwer, wenn man sich der Bewegung des
Pferdes anpaßt, denn das Pferd gibt einem ausreichend Schwung. Laufen Sie im Galopprhythmus neben dem Pferd her und ergreifen
Sie die Griffe des Gurtes. Die linke Hand greift
von vorne, Knöchel und Finger zeigen in Ihre
Richtung, als ob Sie sich selbst ins Gesicht stoßen wollen. Die rechte Hand hält am äußeren
Griff wie an einem Fahrradlenker fest, die
Daumen müssen *auf* den Griffen liegen, sonst
können Sie sich verletzen.

Laufen Sie auf Höhe des Gurtes möglichst
wenig Galoppsprünge mit, dann springen Sie
mit beiden Füßen in Richtung der Vorderbeine,
landen vor der Schulter und springen sofort ab, dabei wird das rechte Bein hochge-
schwungen und der Kopf nach unten genommen. Das linke Bein bleibt abwärts gestreckt,
die Zehenspitzen weisen nach unten. Je weiter
vorne Sie abspringen, desto leichter ist es,
direkt hinter dem Gurt zu landen. Versuchen
Sie, so elegant wie möglich zu sein, dazu müssen Sie die Beine strecken und möglichst weich
einsitzen.

Der Gurt hilft Ihnen, die Beine in der richtigen Position zu halten. Sie dürfen nicht klammern; stützen Sie sich mit den Armen ab, setzen Sie sich richtig hin und entspannen Sie
sich. Sie werden fühlen, wie sich Ihr Rücken
mit dem des Pferdes bewegt. Dieses ist die einfachste Methode, das Galoppieren zu erlernen.

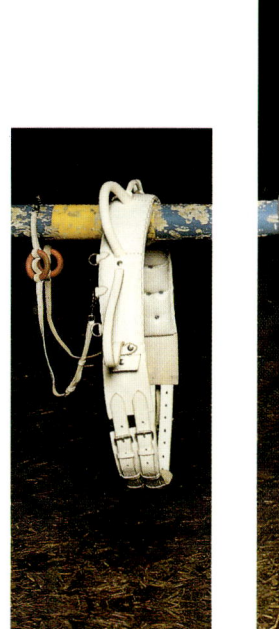

*Voltigiert wird ohne
Sattel, aber das Pferd
trägt eine dicke,
schützende Decke.
Der Voltigiergurt ist
durch Stahleinlagen
verstärkt. Die Griffe
sind groß und leicht
nach vorne geneigt,
Zusätzlich sind an
dem Gurt noch zwei
Schlaufen und ein
Polster, dieses wird
durch eine Schaum-
gummiunterlage
noch verstärkt. Das
Pferd trägt einen
Kappzaum mit
Gebiß und Aus-
bindern. Außerdem
werden eine zehn
Meter lange Longe
und eine Voltigier-
peitsche benötigt.*

Voltigieren: einige Übungen

Rechts: Stehen ist eine der elementaren Übungen! Aus dem beidbeinigen Knien hinter dem Gurt springt der Voltigierer auf die Füße, wobei er sehr weich landet. Die gebeugten Knie federn den Galoppsprung aus.

Unten: Drei Voltigierer in der Kürübung »doppelte Pistole mit Grundsitz«, ein harmonisches, elegantes Bild. Freie Arme und Beine sollten möglichst immer gestreckt sein.

Wenn Sie sich erst einmal im Grundsitz auf dem galoppierenden Pferd sicher fühlen, können Sie sich an anderen statischen und dynamischen Übungen versuchen. Sie alle dienen auch dazu, Ihr Reiten zu verbessern: Ihr Rücken wird unverkrampfter, lockerer, Bein- und Schulterhaltung werden verbessert, und Sie entwickeln ein besseres Balance-, Rhythmus- und Bewegungsgefühl.

Statische Elemente werden vier Galoppsprünge gehalten, die dynamischen, wie die Schere oder ein Salto vom Pferderücken, werden so auf den Galoppsprung abgestimmt, daß die Aufwärtsbewegung des Pferderückens dem Voltigierer den notwendigen Schwung gibt.

Oben: Der Handstand auf dem Gurt des jüngeren Mädchens wird von einem älteren Voltigierer gesichert, für den »Untermann« ist diese Übung ein Test der Sicherheit seines Sitzes. Teamwork und Kooperation stehen hier im Vordergrund.

Es gibt sechs sogenannte Pflichtübungen: Grundsitz, Stehen, Fahne (eine Kür-Variation ist rechts zu sehen), Schere, Mühle – eine komplette 360°-Drehung durch nacheinander erfolgendes Hochschwingen eines Beines zum Seitwärts-, Rückwärts-, wieder Seitwärts- und zurück zum Vorwärtssitz – und Flanke oder Abgang. Dabei wird besonderer Wert auf die Bewegungsweite, Bewegungshöhe, Eleganz und Rhythmus gelegt, und auf die Übergänge.

Jeder kann vom Voltigieren profitieren, und der Voltigiergurt ist zusätzlich für das therapeutische Reiten mit Hyperaktiven und geistig bzw. körperlich Behinderten von unschätzbarem Wert.

Links: Standfahne seitwärts in der Schlaufe, die Voltigiererin streckt das rechte Bein aus, schwieriger wird die Übung, wenn auch der linke Arm in Vorhalte genommen wird. Die Fahne auf dem Rücken, linker Unterschenkel auf dem Pferd, Gesicht nach vorne, ist eine Pflichtübung. Fängt der Voltigierer die Galoppbewegung des Pferdes nicht im Rücken ab, wippen Arm und Bein zu sehr.

In Wettbewerben dürfen Gruppenvoltigierer höchstens 18, Einzelvoltigierer müssen mindestens 16 Jahre alt sein. Einzelvoltigierer zeigen die sechs Pflichtübungen in festgelegter Reihenfolge, nach einer kurzen Pause seine Kür, freigewählte statische und dynamische Elemente, dazu läuft die mitgebrachte Musik. Wie beim Eiskunstlaufen die gesamte Eisfläche, sollte beim Voltigieren das ganze Pferd ausgenutzt werden, Vorwärts- und Rückwärtsübungen sollten in der Kür enthalten sein usw. Benotet werden der Schwierigkeitsgrad, die Ausführung und der Gesamteindruck.

Während der Gruppenkür arbeiten die acht Mitglieder zusammen. Das Pferd sollte niemals leer sein, ein, zwei oder drei Voltigierer sind an den Übungen beteiligt. Die größeren Voltigierer sind normalerweise die Untermänner für die kleineren, es werden z. T. spektakuläre Übungen gezeigt.

Voltigiert wird gewöhnlich ohne Helm, da dieser die korrekte Ausführung vieler Übungen erschwert.

Bei der Schere wird der Schwung des galoppierenden Pferdes ausgenutzt, um die Beine so hoch wie möglich zu schwingen. Der Voltigierer dreht die Hüfte und landet im Rückwärtssitz. Danach erfolgt eine zweite Scherung über der Kruppe zurück zum Vorwärtssitz.

Am Führzügel

Eine dritte Möglichkeit, sich ganz auf seinen Sitz zu konzentrieren, ist gegeben, wenn man geführt wird. Auch diese Methode hat ihre Vorteile. Geht das Pferd dabei über schwieriges Gelände, werden Sie locker und passen sich automatisch den Bewegungen des Pferdes an. Auf diese Weise können Sie viel mehr darüber herausfinden, wie das Pferd sich bewegt, wendet und ausbalanciert, als wenn Sie nur auf dem Zirkel reiten. Sie lernen aber auch das Wesen des jeweiligen Pferdes besser kennen, sie merken, wovor es sich erschreckt und was ihm gefällt; Sie erfahren, wo es aufgemuntert

werden muß und wo es seinen Kopf freihaben will, um den Boden unter seinen Füßen zu sehen. Das Pferd wird es genießen, im Gelände gehen zu können, und es wird sich sicherer fühlen, wenn jemand an seinem Kopf geht als allein, nur mit einem unsicheren Reiter auf seinem Rücken. Die Nachteile dieser Methode sind, daß Ihr Helfer nicht ständig Ihren Sitz im Auge behalten kann und daß Sie wahrscheinlich nicht galoppieren können. Wenn Sie aber ohne Sattel aussitzen und Abhänge hinauf- und hinunterklettern können, dann werden Sie, wenn es soweit ist, das Galoppieren mit Leichtigkeit schaffen.

Am Führzügel

Ein gefügiges Pony kann an einem Halfter geführt werden. Haken Sie die Führleine unter dem Kinn des Pferdes ins Halfter, und halten Sie Ihre Hand ca. einen halben Meter vom Kopf des Pferdes entfernt. Das freie Ende der Leine halten Sie in Ihrer linken Hand, Sie dürfen sie sich aber auf keinen Fall um die Hand wickeln. Wenn Sie die Führleine zu kurz halten, kann das Pferd unwillig werden, weil es seinen Kopf nicht frei bewegen kann, um sich zu orientieren, und weil es sich nicht richtig ausbalancieren kann. Gehen Sie aber an etwas

Reiten

Denken Sie immer daran, aufrecht zu sitzen, ohne den Rücken dabei zu verspannen. Achten Sie darauf, in der Mitte des Sattels zu sitzen, nicht an der hinteren Sattelkante. Ihre Füße dürfen nicht zu weit nach vorne kommen (ein häufiger Fehler). Überprüfen Sie sich selbst, indem Sie sich von Zeit zu Zeit hochdrücken, dabei Ihre Hüfte in Richtung Pferdeohren schieben. Wenn Sie sich vornüberlehnen müssen, kann es daran liegen, daß Ihre Füße zu weit vorne sind. Halten Sie die Absätze tief und die Zehenspitzen nach vorne, nicht nach außen gedreht. Halten Sie sich nicht am Sattel fest, es sei denn, das Pferd geht einen steilen Hang hinauf, dann greifen Sie in die Mähne, sonst aber sollten Sie Ihre Hände freihalten.

Bitten Sie Ihren Helfer, jede Unebenheit des Bodens auszunutzen, die Gangarten zu wechseln und anzuhalten, das Pferd über Gräben und unter Bäumen entlangzuführen, also so abenteuerlustig zu sein wie möglich. Versuchen Sie, mit Ihrer Wirbelsäule zu fühlen, was das Pferd mit seinem Rücken und seinen Hüften macht, und üben Sie, die verschiedenen Tempi im Schritt und Trab zu unterscheiden. Üben Sie so viel wie möglich, und reiten Sie oft ohne Sattel.

Gerät Ihr Pferd in Aufregung, oder bekommen Sie Angst, bleiben Sie im Sattel sitzen und nehmen die Schultern zurück. Achten Sie darauf, nicht mit den Beinen zu klammern. Wenn Sie ruhig sitzen, wird sich auch das Pferd schneller wieder beruhigen.

Wie ein Mensch arbeitet auch ein Pferd williger, wenn seine Bemühungen belohnt werden, also streicheln und loben Sie es, wenn es etwas Schwieriges bewältigt hat. Achten Sie auf alles, worauf das Pferd seine Aufmerksamkeit richtet und darauf, wie es den Kopf bewegt, um bestimmte Dinge zu betrachten, denn daraus lernen Sie, wie seine Sinne arbeiten. Dies ist eins der Geheimnisse der Menschen mit Pferdeverstand. Reiten heißt nicht nur, die Hilfen und den Sitz zu erlernen; Sie müssen auch das Wesen des Pferdes verstehen, seine Vorlieben und Abneigungen, seine Ängste und Absichten. Sie müssen wissen, daß Sie ruhig bleiben müssen, um das Pferd zu beruhigen, wenn es sich fürchtet, und Sie müssen erkennen, wenn es faul ist und keine Lust hat. Dies alles erlernen Sie besser, wenn Sie im Gelände geführt werden, statt viele Stunden an der Longe oder in der Abteilung zuzubringen.

Furchterregendem vorbei, z.B. an einer Baustelle, nehmen Sie es kürzer und drücken ihm Ellbogen und Schulter an den Hals, um zu verhindern, daß es Sie abdrängelt. Regt sich das Pferd auf, reden Sie ruhig mit ihm, nicht böse, und loben Sie es, wenn es alles gut macht.

Sie können auch mit Trense führen, dazu nehmen Sie die Zügel über den Kopf des Pferdes, so daß Sie eine ausreichend lange Führleine haben. Achten Sie darauf, daß Sie nicht am Gebiß ziehen, das Pferd wird unnötig verärgert und stumpft im Maul ab.

DAS ZWEITE PRINZIP
Das Pferd gleicht einer Wippe

Das Körpergewicht eines Pferdes ist nicht gleichmäßig auf seine Vorder- und Hinterbeine verteilt. Wegen des Gewichtes von Hals und Kopf müssen die Vorderbeine gewöhnlich mehr tragen als die Hinterbeine. Durch Zurücknehmen von Kopf und Hals kann das Pferd seinen Schwerpunkt mehr nach hinten verlagern, so daß sein Gewicht gleichmäßiger verteilt ist. Noch weiter nach hinten verlagert ist der Schwerpunkt, wenn das Pferd steigt. Mit den Vorderbeinen nimmt es mehr Gewicht auf, wenn es Hals und Kopf nach vorwärts-abwärts streckt. Sein Schwerpunkt kann also von vorne nach hinten wandern, wie bei einer Wippe. Der Dreh- und Angelpunkt liegt in etwa da, wo man sitzt.

Schauen Sie sich die Bilder dieser herumtobenden Pferde an, Sie können sehen, wie sich, wenn sie ihr Gewicht von vorne nach hinten verlagern, ihr Aussehen ändert.

Sie haben diese Gewichtsverlagerungen beim Reiten auch bestimmt schon gespürt. Wenn das Pferd mit gesenktem Kopf dahintrottet, liegt der Schwerpunkt der Wippe vorne. Das ganze Pferd wirkt schwerfällig, man sagt, es »geht auf der Vorhand«. Wie ein Schiff, das zu viel Last im Bug hat, ist es auch für so ein Pferd schwierig, das Tempo oder die Richtung zu ändern. Dieses wenig anmutige, schlecht ausbalancierte Gehen kostet viel Energie.

Bewegt sich ein Pferd flotter, befindet sich die Wippe mehr im Gleichgewicht. Seine Be-

Dieses Pferd hat seinen Schwerpunkt nach hinten verlagert, seine Hinterhand trägt sein Gewicht.

Beim plötzlichen Abstoppen bringt dieses Pferd sein ganzes Gewicht auf die Vorhand, um die Hinterbeine weit unter den Körper schieben zu können. Einen Sekundenbruchteil später verlagert es das Gewicht wieder auf die Hinterhand, um die Vorhand in einer schnellen Wendung herumzuwerfen.

wegungen werden leichter. Das Pferd ist in der Lage, schnell im Tempo zuzulegen oder zu wenden. Wenn ein Pferd total gelangweilt die Straße entlangtrottet und plötzlich etwas Interessantes sieht, kann man die Verlagerung des Schwerpunktes dramatisch spüren. Die Vorhand hebt sich. Ist das Pferd sehr aufgeregt, hat man als Reiter u. U. das Gefühl, als würde es sich, wie Pegasus, gleich in die Lüfte erheben, so weit wandert der Schwerpunkt nach hinten.

Es ist leicht einzusehen, daß Sie, da Sie als Reiter im Dreh- und Angelpunkt der Wippe sitzen, seine Vorhand mehr belasten können, oder aber dem Pferd helfen, im Gleichgewicht zu gehen. Bisher wurde immer wieder darauf hingewiesen, daß Sie aufrecht und ausbalanciert sitzen sollen. Jetzt können Sie herausfinden, wie Sie durch Gewichtsverlagerungen die Bewegungen eines Pferdes beeinflussen können.

Hier macht das Pferd im Schritt eine Wendung. Es hält Kopf und Hals tief, das Gewicht (die Wippe) ist nach vorne verlagert, die Vorhand trägt. Das Pferd wirkt schwerfällig und träge. Ist der Schwerpunkt weiter nach hinten verlagert (links), fällt ihm die Wendung erheblich leichter.

Der Körperbau des Pferdes

Das natürliche Gleichgewicht des Pferdes wird durch seinen Körperbau beeinflußt. Wenn es einen großen, schweren Kopf und langen Hals hat, dabei eine schmale Hinterhand, geht das Pferd schon von Natur aus auf der Vorhand. Es bewegt sich schwerfällig und ungeschickt, bis es durch eine gezielte Ausbildung gelernt hat, seine Hinterhand mehr zum Tragen kommen zu lassen. Durch dieses Training wird die Muskulatur der Hinterhand stärker ausgebildet, davon profitiert dann sein natürliches Gleichgewicht.

Auch der Halsansatz spielt eine große Rolle, vorteilhaft ist es, wenn der Hals von der Schulter aus nach oben angesetzt ist statt nach vorne. In dieser Hinsicht sind die alten, klassischen Rassen den modernen, größeren Warmblütern überlegen. Ihnen fällt es leichter, den Schwerpunkt nach hinten zu verlagern, sich zu setzen, wie es für Lektionen der Hohen Schule, z. B. für die *Piaffe* notwendig ist (s. S. 122).

Das Pferd oben links trabt langsam. Hals und Kopf sind nach vorne gestreckt, die Wippe senkt sich auf der Vorhand. Das Pferd wirkt träge.

Oben: Das Pferd hat Kopf und Hals hochgenommen, das Gewicht ist gleichmäßig verteilt. Es macht einen lebhafteren Eindruck, obwohl es nicht schneller trabt.

49

Das Gewicht des Reiters und das Gleichgewicht des Pferdes

Jedes Vor- und Zurücklegen des Reiters beeinflußt das Gleichgewicht des Pferdes. Die Reiterin auf der Bildfolge (Mitte unten) beeinflußt den Gang ihres Ponies durch Vor- und Zurücknehmen des Oberkörpers. Beachten Sie, daß die Reiterin wirklich nur ihren Schwerpunkt verlagert: Die Einwirkungen von Händen, Beinen und Kreuz bleiben unverändert.

Zuerst lehnt der Reiter sich bewußt sehr weit nach vorne (1.). Obwohl dieses Pony sehr lebhaft ist, trottet es mehr oder weniger dahin. Es hält den Kopf tief und den Hals nach vorne gestreckt. Durch die Gewichtsverlagerung der Reiterin geht das Pferd auf der Vorhand. Das Pferd scheint recht lustlos.

Richtet sich die Reiterin mehr auf (2.), wirkt das Pferd sofort etwas aufgeweckter. Es hebt den Kopf und sein Hals verkürzt sich. Die Hinterhand nimmt mehr Gewicht auf, dazu wölbt es den Rücken auf. Nun muß es auch, auf dem zweiten Foto zu sehen, mit den Hinterbeinen weiter untertreten.

Sitzt die Reiterin ganz gerade (3.), geht das Pferd vollends im Gleichgewicht und der Schritt wird besser. Es sieht lebhaft und zufrieden aus und trägt seine Reiterin sichtlich leichter. Es ist aktiver in der Hinterhand, trägt den Kopf höher und tritt mehr durchs Genick.

Fängt die Reiterin an, sich zurückzulehnen (4.), nimmt das Pferd den Kopf sogar noch

1.

Ein junges Pferd geht normalerweise gerne vorwärts. Hier paßt sich der Reiter dem Pferd an und läßt es im Trab mit verlängerten Tritten gehen. Sobald der Reiter sein Gewicht etwas nach hinten verlagert, indem er sich gerade in den Sattel setzt, wandert auch der Schwerpunkt des Pferdes zurück, es richtet sich mehr auf und verkürzt seine Tritte.

höher. Die zusätzliche Belastung des Rückens erschwert dem Pferd das Gehen und es tritt mit den Hinterbeinen wieder kürzer.

Ein extremes Zurücknehmen des Oberkörpers macht es dem Pferd unmöglich, den Rücken aufzuwölben und mit den Hinterbeinen unterzutreten. Das Gewicht des Reiters konzentriert sich ganz hinten, das Pferd geht fast überhaupt nicht mehr vorwärts.

Stellen Sie sich vor, Sie trügen eine lange Planke auf der Schulter. Wenn sie sich vorne zu Boden neigt, können Sie zwar weitergehen, aber Ihre Schritte sind schwer, und das Tragen

mehr schwingt, Sie verkrampfen. Ist der Rücken des Reiters fest, dann zeigt allerdings auch das Pferd keine schwungvollen Bewegungen mehr.

Zu starkes Zurücklehnen beruhigt ein Pferd und macht es langsamer. Das ist von großer Bedeutung, da ein Reiter, wenn er Angst bekommt, von Natur aus leider genau das Gegenteil macht. Ein ängstlicher Mensch neigt dazu, sich klein zu machen, nach vorne zu lehnen. Wenn Sie ein Pferd reiten, das nervös wird oder schneller gehen will als Sie, werden Sie es durch Spannung und Vornüberlehnen

2.   3.   4.   5.

ist mühsam. Wenn die Planke nach hinten Übergewicht hat, lehnen Sie sich zurück und werden langsamer. Liegt die Planke allerdings im Gleichgewicht, dann können Sie mit Leichtigkeit wenden, laufen, hüpfen oder anhalten. Sie können erkennen, daß dieses Pony die gleichen Schwierigkeiten hat, wenn der Reiter es aus dem Gleichgewicht bringt.

Probieren Sie solche Dinge nur auf einem ruhigen, entspannten Pferd. Halten Sie die Beine dabei völlig ruhig, auch klammern dürfen Sie nicht, denn dann würde das Pferd auch darauf noch reagieren. Versuchen Sie nur zu erfühlen, wie das Pony auf Ihre Gewichtsverlagerungen reagiert. Sie werden bei diesen Experimenten zu folgenden Ergebnissen kommen: Zu starkes Vornüberlehnen des Oberkörpers macht die Gänge eines Pferdes hart und schwerfällig. Sie selbst werden spüren, daß Ihr Rücken nicht

nur noch »heißer« machen. Sie müssen lernen, ohne darüber nachzudenken und ohne zu zögern, mit entspannten Beinen zurückzulehnen. Sie können Ihre natürliche Reaktion nur durch Übung ändern. Wenn Sie also an der Longe reiten oder geführt werden, achten Sie darauf, daß Sie sich, wann immer das Pferd langsamer oder nervös wird, etwas zurücklehnen. Lassen Sie es nicht zu, daß die Furcht Sie übermannt: Halten Sie Ihr »Zentrum«, den Punkt gleich unterhalb des Bauchnabels, immer tief und entspannt. Ihre Schultern bleiben aufrecht und hinten. Wenn Ihnen dies in Leib und Seele übergeht, dann werden Sie feststellen, daß Sie, wenn Sie keine Furcht mehr zeigen, auch bald keine Furcht mehr empfinden. Da Pferde sofort spüren, wenn ein Reiter Angst hat, beruhigen Sie so auch gleichzeitig Ihr Pferd.

Leichter Sitz: am und über dem Sattel

Vielleicht haben Sie sich jetzt gewundert, warum ein Reiter im leichten Sitz, der sich ja doch sichtbar nach vorne lehnt, das Pferd dabei keineswegs zu behindern scheint.

Die Reiterin links ist in zwei Positionen des leichten Sitzes zu sehen, einmal im Sattel, einmal aufgestanden. Eine gerade Linie durch ihren Körper würde zeigen, daß sie beim Vorbeugen Gesäß und Oberschenkel nach hinten herausschiebt. Die Reiterin ist also immer noch im perfekten Gleichgewicht, sie hat durch das Lösen vom Sattel weder das Gleichgewicht des Pferdes noch seine Gänge beeinflußt. Aber warum hat sie das gemacht?

1.

2.

Betrachten Sie die Bildfolge unten. Der Reiter hat zwar die Bügel kurz, sitzt aber im Sattel. Er sitzt im Gleichgewicht, seine Absätze sind auf einer Linie mit seinen Hüften. Nebenbei bemerkt, gerade das ist schwierig, wenn Sie Ihre Steigbügel kurz haben: Die meisten Anfänger, die mit kurzen Steigbügeln reiten, neigen dazu, zu weit hinten am Sattelrand zu sitzen, im nicht ausbalancierten »Stuhlsitz«. Es ist leichter, zunächst mit längeren Steigbügeln gut zu sitzen.

Das Pferd galoppiert langsam, ohne großen Vorwärtsdrang. Sie können erkennen, daß es weder mit den Hinterbeinen gut untertritt noch mit seinen Vorderbeinen richtig ausgreift.

Wenn aber der Reiter sich vom Sattel löst, 2., springt das Pferd sofort mehr durch. Schon nach wenigen Galoppsprüngen geht es viel mehr über den Rücken, wölbt ihn und tritt dadurch mit den Hinterbeinen mehr unter, so daß der Galoppsprung größer wird. Wenn Sie Bild 2 mit Bild 7 vergleichen, können Sie das deutlich sehen. Auf beiden Fotos ist das Pferd in der gleichen Phase eines Galoppsprungs zu sehen, und zwar genau vor dem Auffußen des linken Hinterbeins. In Bild 2 wird der Huf ungefähr in Höhe des hinteren Sattelrandes auf den Boden kommen, in Bild 7 ein ganzes Stück weiter vorne. Das Pferd hat seinen Galoppsprung vergrößert und ist schneller geworden.

Nur das Lösen vom Sattel läßt ein Pferd aber nicht unbedingt schneller werden. Man erlaubt es dem Pferd lediglich, wenn es das ist, was es will. Ist ein Pferd, so wie dieses oder wie Militarypferde, gut trainiert und gehfreudig, wird es von alleine alles geben. Aus diesem Grund reiten auch Springreiter im Parcours fast immer im leichten Sitz. Aber auf ein faules Pferd hat das Lösen vom Sattel alleine wenig Wirkung.

Wieder können Sie feststellen, daß es wichtig ist, sich nicht zu verkrampfen, wenn das Pferd schneller gehen will als Sie. Wenn Sie Ihre Beine anspannen, schieben Sie das Gesäß aus dem Sattel, dadurch geben Sie dem Pferd den Rücken frei, und es kann nach vorne zuspringen.

Es kommt sicherlich die Zeit, wo Sie diesen Trick ganz gezielt einsetzen werden, aber als Anfänger wollen Sie es wahrscheinlich nicht, daß Ihr Pferd, nur weil es gehfreudig ist, mächtige Sätze macht. Also üben Sie, Ihre Beine nicht anzuspannen, mit dem Gesäß im Sattel zu bleiben und die Schulter hinten zu lassen, wenn Sie ein Pferd haben, das flotter gehen will als es Ihnen recht ist.

Wenn Sie in den leichten Sitz gehen, denken Sie daran, daß Sie sich nicht in die Steigbügel stellen, sondern Ihr Gewicht in ihre Knie und Absätze verlagern, die Knie sind gewissermaßen Dreh- und Angelpunkt.

Reitet man im leichten Sitz oder im Rennsitz, ist das Gesäß gewöhnlich im Galopp, ob schnell oder langsam, nicht am Sattel, der Reiter sitzt nur ein, wenn er das Pferd energisch

4.   5.   6.   7.

vorwärtsreiten muß. Doch im zentralen und Westernsitz hebt sich der Reiter nur im schnellen Galopp aus dem Sattel. Dadurch wird die Gangart nicht nur für den Reiter bequemer, auch dem Pferd wird durch den Entlastungssitz die Arbeit leichter gemacht.

Seitliche Gewichtsverlagerung

Um eine Wendung zu reiten, dreht ein Reiter der klassischen Reitweise nur Kopf und Schultern in die Richtung, in die er abwenden will, dadurch wird der dann jeweils innere Gesäßknochen mehr belastet.

Ein Pferd reagiert nicht nur auf Gewichtsverlagerungen vorwärts und rückwärts. Schon Baucher, einer der großen Schreiber über die klassische Reitkunst, verglich das Pferd mit einem Ball. Man kann es »hinrollen«, wo immer man will. Wenn Sie Ihr Gewicht zur Seite verlagern, sitzen Sie nicht mehr im Gleichgewichtszentrum. Das Pferd wird solange zu eben jener Seite gehen, bis es wieder unter dem Schwerpunkt ist, also bis Sie wieder zentral sitzen. Die Westernreiterin rechts auf den Fotos wendet ihr Pferd nur durch die seitliche Gewichtsverlagerung. Sie sehen, daß das Pferd zunächst den Kopf in die entgegengesetzte Richtung wendet, um der Gewichtsverlagerung entgegenzuwirken.

Das können Sie auf einem ruhigen, entspannten Pferd ausprobieren, damit Sie die Wirkung spüren. Achten Sie darauf, daß Sie sich dabei nicht auch noch nach vorne lehnen. Wenn Sie nämlich das vordere Ende der Wippe nach unten drücken, d.h. die Vorhand belasten, kann das Pferd nicht so behende wenden. Im Gegenteil, Sie sollten sich bei der seitlichen Gewichtsverlagerung zusätzlich leicht nach hinten lehnen, dadurch wird die Hinterhand mehr belastet, die Vorhand freier und das Pferd kann schärfere Wendungen ausführen. Dies ist die Grundlage des Western-Spins (S. 146).

Beim Westernreiten und im Polo werden viele Gewichtshilfen dieser Art eingesetzt. Bei hohem Tempo setzt jeder Reiter sie instinktiv ein, wenn er eine scharfe Wendung reiten will, sei er nun ein australischer Schafhirte, ein Kosake, ein Araber oder Mongole. In der klassischen Reiterei werden diese deutlichen Hilfen nicht angewendet, das ist allerdings nur eine Frage des Stils.

Wenn ein Pferd auf Hilfen dieser Art reagiert, dann bewegt es den Kopf wie dieses Westernpferd. Es ist für ein Pferd absolut natürlich, daß es bei Wendungen in hohem Tempo zwar seinen Körper in die Wendung mit hineinnimmt, nicht aber seinen Kopf, ob es nun geritten wird oder nicht. Genauso würde sich auch ein klassisch ausgebildetes Pferd verhalten, das können Sie sehen, wenn Sie es beim Herumtoben auf der Weide beobachten. Doch in Europa wird großer Wert darauf gelegt, daß ein Pferd in einer Wendung in Längsbiegung geht, Kopf und Hals sind ebenfalls in Richtung der Wendung gestellt. Das ist insofern nicht schwierig, weil es sich nur langsam bewegt. Kann ein Pferd nicht in Innenstellung

Diese Westernreiterin wendet ihr Pferd, indem Sie sich zur Seite lehnt. Man kann sehen, daß das Pferd zunächst den Kopf in die andere Richtung dreht, um der Gewichtsverlagerung entgegenzuwirken. Als es merkt, daß es nicht funktioniert, verlagert es selber sein Gewicht und wendet.

gehen, sondern wendet wie dieses Pferd hier den Kopf nach außen, ist es nicht in der Lage, schwierigere Lektionen zu gehen, denn in der höheren Dressur ist vollkommene Losgelassenheit des Pferdes eine Grundvoraussetzung.

Die Europäer setzen daher nur leichte Gewichtshilfen ein, man spricht von »Belastung des inneren Gesäßknochens«. Schauen Sie sich die Reiterin links an, Sie können erkennen, daß sie hauptsächlich die rechte Gesäßhälfte (oder den rechten Gesäßknochen) belastet und nicht beide gleichmäßig, dazu müßte sie nämlich aufrecht sitzen. Sie können die gleiche Hilfe auch weniger auffällig geben, dazu brauchen Sie nur Kopf und Schultern in die Richtung zu drehen, in die Sie reiten wollen. Probieren Sie es mal aus, wenn Sie auf einem harten Stuhl sitzen. Ohne Ihr Gesäß zu bewegen, drehen Sie Kopf und Schultern nach links. Sie können fühlen, wie sich der Druck auf Ihren linken Gesäßknochen verstärkt. Wenn Sie auf dem Pferd sitzen, brauchen Sie wirklich nur Kopf und Schultern in die gewünschte Richtung zu drehen, halten Sie dabei aber die Hüften gerade. Betrachten Sie nun den klassischen Reiter auf dem Foto ganz links. Seine Hüften sind parallel zu denen des Pferdes, aber seine Schulter hat er mit in die Bewegungsrichtung des Pferdes genommen.

Ihr Pferd nimmt diesen leichten Druck vielleicht gar nicht wahr. Wenn das Pferd von Anfängern geritten worden ist, die unsicher im Sattel hin- und herrutschen, hat das Pferd gelernt, diese Signale zu ignorieren. Sie können es dem Pferd beibringen, wieder feinfühliger zu reagieren, indem Sie zunächst sehr deutliche Gewichtshilfen geben, und das Pferd für seine richtige Reaktion sofort belohnen. Wann immer Sie diese Lektion wiederholen, geben Sie zunächst die leichte Hilfe, indem Sie nur Kopf und Schultern drehen; dann verstärken Sie die Gewichtshilfe, bis das Pferd die gewünschte Reaktion zeigt. Wenn Sie es immer wieder loben und belohnen, wird es allmählich feinfühliger. Ein Pferd, das immer gut geritten worden ist und vollkommen im Gleichgewicht geht, reagiert auf die leichteste Bewegung von Kopf und Schulter des Reiters. Genauso verhalten sich junge Pferde. Ihre natürliche Reaktionsbereitschaft verlieren Pferde nur durch unser nachlässiges Reiten.

DAS DRITTE PRINZIP
Das Pferd reagiert auf Druck

Wenn Sie ein Pferd einseitig belasten, leicht mit den Schenkeln treiben oder sanft mit den Zügeln einwirken, bewegt es sich, um den normalen Zustand wieder herzustellen, was jeder von uns übrigens auch machen würde. Je nachdem, wo Druck ausgeübt wird, bewegt das Pferd einen anderen Körperteil. Wie ein Mensch reagiert ein Pferd besser, wenn der Druck sanft, aber stetig ist. Wenn Sie mit den Beinen hämmern oder an den Zügeln reißen, wird es sich widersetzen und gerade das Gegenteil von dem tun, was Sie von ihm erwarten. Wie beim Menschen reagieren auch die Sinnesorgane eines Pferdes eher auf eine Veränderung des Druckes als auf den Druck selbst. Mehrmaliges sanftes Anstupsen führt eher zum Erfolg als immer härteres Drücken. Probieren Sie es mit einem Freund aus, sei es ein Mensch oder ein Pferd.

Die verschiedenen Möglichkeiten, mit denen wir dem Pferd unsere Absichten mitteilen, werden »Hilfen« genannt. Und es sind wirklich Hilfen. Der Duke of Newcastle benutzte in seinem, in Englisch geschriebenen, Buch tatsächlich das Wort »helps«, nicht »aids« – dem in der englischen Sprache gebräuchlichen Ausdruck für Hilfen –, weil die Hilfen wirklich dem Pferd helfen, zu verstehen, was der Reiter will. Es reagiert von Natur aus richtig, wenn Sie die korrekten Hilfen zum richtigen Zeitpunkt einsetzen. Sogar ein noch nicht »ausgebildetes« Pferd zeigt, solange es ruhig ist, die gewünschten Reaktionen. Doch ein verspanntes oder ängstliches Pferd, darin gleicht es einem hysterischen Menschen, wird Ihre Hilfen nicht akzeptieren: Es wird sich stattdessen wehren. Wenn Sie also anfangen, mit den Hilfen zu experimentieren, denken Sie immer daran, daß Ruhe das oberste Gebot ist. Sie können einem Pferd nicht helfen, wenn einer von Ihnen, Sie oder das Pferd, erregt oder verärgert ist.

Auf dem Pferderücken sitzend haben Sie nicht allzuviele Möglichkeiten, Druck auf das Pferd auszuüben, viel mehr hingegen, wenn Sie auf dem Boden neben ihm stehen. Über Jahrhunderte hinweg haben Menschen herausgefunden, welche Hilfen für Pferde am leichtesten zu verstehen sind, und es sind Trainingsprogramme entwickelt worden, die Sensibilität der Pferde zu verbessern. Einige Pferde sind von Natur aus feinfühliger als andere; verschiedenen Kulturen oder unterschiedliche Trainer wollen, daß sich ihre Pferde auf eine ganz bestimmte Art bewegen. Sie werden also merken, daß es keine »Einheitshilfen« gibt: Sie müssen spüren, wie jedes einzelne Pferd reagiert und Ihre Hilfen modifizieren, bis Sie zum gewünschten Ergebnis kommen. Denken Sie daran, daß Sie nicht einfach nur Befehle erteilen, sondern versuchen sollen, dem Pferd zu helfen, richtig zu reagieren. Grobe Hilfen erhöhen selten die Leistungsbereitschaft eines Pferdes. Pferde, die immer nur gezwungen worden sind, werden gleichgültig und unsensibel. Vermeiden Sie möglichst, solche Pferde zu reiten (leider werden gerade Anfänger meist auf diese Sorte Pferd gesetzt), denn auf ihnen wiederum lernen Sie nur grobes Einwirken, keine unterstützenden Hilfen.

Neben den fünf »natürlichen« Hilfen – Gewicht, Kreuz, Beine, Hände und Stimme – gibt es auch »künstliche« Hilfsmittel – Gerte und Sporen. Beide müssen sehr exakt und dosiert eingesetzt werden. Das Problem eines Anfängers liegt gewöhnlich darin, daß er die natürlichen Hilfen nicht exakt genug einsetzen kann, der Gebrauch von Gerte und Sporen wird dann sicherlich die Ergebnisse nicht verbessern.

In diesem Abschnitt wird erklärt, welche Hilfen wie wirken. Wenn Sie erst einmal beobachtet haben, was ein Pferd mit seinem Körper in verschiedenen Bewegungen macht, dann werden Sie auch erkennen, wie Ihre Hilfen zusammenwirken müssen, um das Pferd zu solchen Bewegungen zu veranlassen.

Ihr *Gewicht* beeinflußt das Gleichgewicht des Pferdes, also auch seine Gänge. Sie haben bereits herausgefunden, wie das Pferd reagiert (S. 50–54).

Ihr *Kreuz* veranlaßt das Pferd zu stärkerer Rückentätigkeit und aktiverer Hinterhand.

Ihre *Beine* wirken auf die Hinterhand des Pferdes.

Ihre *Hände* beeinflussen über die Zügel Kopf, Hals und Schultern des Pferdes.

Ihre *Stimme* kann beruhigen, loben oder das Pferd zurechtweisen. Sie können ein Pferd auch auf bestimmte Wörter abrichten. Pferde lernen Kommandos schnell, aber, wie Hunde, brauchen auch sie ein konsequentes Training und Belohnungen. Die natürlichen Talente eines Pferdes werden eigentlich nie, außer im Zirkus, voll ausgeschöpft. Von Natur aus reagieren Pferde auf den Tonfall der menschlichen Stimme. Wenn Sie Ihr »Brrrr« laut herausschreien, wird auch ein gut ausgebildetes Pferd höchstwahrscheinlich nicht anhalten, denn der Tonfall signalisiert dem Pferd eine

Gefahr für Leib und Leben, und dieser ist für das Pferd von größerer Bedeutung als das Klangbild, das es als Befehl zu beachten gelernt hat. Wenn Sie also wollen, daß ein Pferd sich beruhigt oder anhält, sprechen Sie ruhig mit ihm; wenn Sie wollen, daß es aufmerksam wird, sprechen Sie es scharf an; wenn Sie wollen, daß es schneller wird, feuern Sie es an.

Pferde sind sehr empfänglich für Lob. Zu Beginn der Ausbildung lobt man das Pferd und gibt ihm gleichzeitig eine Belohnung, dadurch schafft man eine Verbindung zwischen dem Lob mit der Stimme und dem Leckerbissen. Später können Sie dann feststellen, daß das Pferd für ein Lob alleine genauso empfänglich ist wie für eine Belohnung.

Kreuzeinwirkung

Wenn Sie ganz normal sitzen, weist Ihre Wirbelsäule einen natürlichen Bogen auf, den diese Reiterin bewußt übermäßig verstärkt. Wenn Sie mit dem Kreuz treiben, wird der Bogen flacher. Sie treiben dann das Pferd mit dem Gesäß bzw. mit den Gesäßknochen.

Rücken des Pferdes schwingen, im gleichen Rhythmus. Versuchen Sie, so entspannt wie möglich zu sitzen. Wenn Sie den Rhythmus deutlich fühlen, verstärken Sie die Bewegung Ihres Kreuzes, bis Sie tatsächlich das Pferd bei jedem Schritt vorwärtsschieben. Es wird dann weiter ausgreifen. Lehnen Sie sich vornüber, werden Sie feststellen, daß Ihre Wirbelsäule keinen Bogen mehr aufweist; Ihr Rücken kann nicht schwingen, also kann das Kreuz nicht treiben. Das Gegenteil ist richtig, wenn Sie die Schultern etwas mehr zurücknehmen, geht das Anspannen des Kreuzes leichter, da sich der Bogen der Wirbelsäule verstärkt und sie dadurch besser durchschwingen kann.

Kreuzanspannen im Schritt fordert das Pferd auf, starken Schritt zu gehen. Beim Aussitzen im Trab signalisieren Sie dem Pferd, daß Sie verstärkten Trab wünschen, im Galopp geht das Pferd in Mittelgalopp über.

Ein energisches Anspannen des Kreuzes, vor allem auf einem gut ausbalancierten und gehfreudigen Pferd, läßt es fast immer angaloppieren, egal aus welcher Gangart heraus.

Wenn Sie mit dem Kreuz auf das Pferd einwirken, wölbt es den Rücken. Die Kruppe senkt sich, und die Hinterbeine treten weiter unter. Wenn Sie nur mit dem Kreuz einwirken, wird das Pferd seine Tritte verlängern.

Das Kreuzanspannen ist nicht einfach. Macht man zuviel, werden die Arme steif. Vielen Reitern fällt diese Art der Hilfengebung am Anfang sehr schwer, eventuell müssen Sie zunächst herumprobieren, bis Sie das Kreuzanspannen beherrschen. Vergleichbar ist es vielleicht mit der Bewegung, die man mit dem Gesäß macht, wenn man mit einer Schaukel höher kommen will. Wenn Sie sich diese Bewegung vorstellen, werden Sie feststellen, daß man das nur dann energisch machen kann, wenn Arme und Beine gestreckt werden. Das würde natürlich auch auf das Pferd wirken. Sie müssen ausprobieren, wie weit Sie beim Kreuzanspannen gehen können.

Versuchen Sie es zunächst im gemächlichen Schritt. Lassen Sie Ihre Wirbelsäule mit dem

Häufig kann man beobachten, daß Springreiter kurz vor dem Hindernis noch einmal das Kreuz anspannen, wie der Reiter unten rechts. Der Reiter sitzt ein und fordert dadurch das Pferd auf, die Hinterbeine für den Absprung gut unterzuschieben. Häufig sieht man dann aber bei weniger routinierten Reitern, daß sie ihre Arme strecken und dadurch die Verbindung zum Pferdemaul aufgeben. (Sie können das auch in Dressurprüfungen beobachten, wenn der Reiter das Pferd zum Mitteltrab vorwärtstreibt: Das wirkt unästhetisch und sehr gezwungen.) Bei jeder Hilfengebung sollte man darauf achten, daß der Einsatz eines bestimmten Körperteils nicht zu Verspannungen oder gegensätzlichen Reaktionen in einem anderen führt.

Diese Hilfe wird »Kreuzanspannen« genannt, weil man tatsächlich das Kreuz anspannt, um mehr zu schieben. Der manchmal zu findende Begriff »Sitzhilfe« ist irreführend, denn »Sitz« wird auch verwendet für die Art und Weise, wie Sie zu Pferd sitzen; das Wort kann ein Synonym für Gesäß sein, oder, wie hier, das Kreuzanspannen umschreiben.

Eine andere Form der Kreuzeinwirkung ist, ständig »dranzusitzen«, indem Sie die Schultern leicht zurücknehmen und den Brustkorb vorwölben. Ihre Wirbelsäule ist dann mehr gebogen und Ihre Rückenmuskeln sind aktiver. Die klassische Reitkunst verlangt diesen Sitz, das Pferd ist in ständiger Versammlung.

Während Ihrer Experimente, die Verbindung zwischen Ihrer Rückentätigkeit und den Reaktionen des Pferdes zu entdecken, beachten Sie, daß ein bloßes Versteifen des Rückens dazu führt, daß die Tritte des Pferdes kürzer werden. Es macht seinen Rücken ebenfalls fest, kann ihn dadurch nicht mehr wölben und tritt also nicht mehr so weit unter. Die Wirbelsäule des Pferdes bewegt sich mit der des Reiters. Ist Ihre steif, ist es seine auch; ist Ihre locker, dann auch seine; ist Ihr Rücken aktiv, ist es seiner auch.

Oben: Wenn der Reiter das Kreuz anspannt, wölbt das Pferd den Rücken und verlängert die Tritte. Die Kruppe senkt sich, und die Hinterbeine treten mehr unter.

59

Der beidseitig treibende Schenkel

Beidseitiges Treiben aktiviert die Hinterhand eines Pferdes, also wird es sich schneller bewegen. Würde allerdings an der gleichen Stelle ein Insekt das Pferd stechen, würde es mit dem Hinterfuß danach schlagen. Wenn der Reiter dort treibt, soll das Pferd allerdings weniger »schlagkräftig« reagieren.

1. Das Pferd steht, die Beine der Reiterin sind entspannt.
2. Fängt die Reiterin an, mit beiden Beinen zu treiben, reagiert das Pferd.
3. Sie treibt weiter, und das Pferd setzt sich in Bewegung.
4. Sobald das Pferd sich bewegt, entspannt die Reiterin ihre Beine wieder.
5. Die Reiterin setzt ihre Beine erst dann wieder ein, wenn sie möchte, daß das Pferd schneller geht.
6. Diese Reiterin nimmt ihre Beine zum Treiben an die Seiten des Pferdes. Beachten Sie, daß ihre Knie sich dabei nicht vom Sattel lösen.

Streichen Sie mit einem Finger dort über das Fell, wo sonst Ihr Absatz treibt, wird die Haut zucken oder das Pferd sogar ausweichen, piksen Sie es direkt hinter dem Gurt, hebt es möglicherweise sogar ein Hinterbein. An dieser Stelle müssen Sie treiben. Sind Ihre Beine für das Pferd, das Sie reiten, zu kurz, wird es nicht so sensibel reagieren.

Da ein Pferd beschleunigt, wenn es die Absätze spürt, verstehen Sie jetzt sicherlich, daß man es vermeiden sollte, mit den Beinen zu klammern. Ist das Pferd sehr feinfühlig, wird es mit Ihnen auf- und davongehen. Ist es phlegmatischer, wird es sich an den konstanten Druck gewöhnen, so daß es immer schwieriger wird, es überhaupt zu einem schnelleren Tempo zu veranlassen.

Wenn das Pferd nicht reagiert, stupsen Sie es solange an, bis es vorwärtsgeht. Klopfen oder Hämmern sollten Sie vermeiden: Es stumpft nur noch mehr ab. Das Anstupsen funktioniert besser.

Achten Sie darauf, daß Sie nicht die gesamte Beinmuskulatur anspannen. Wenn Sie es nämlich machen, schieben Sie dadurch Ihr Gesäß nach hinten aus dem Sattel. Dann sind Sie nicht mehr in der Lage, Schenkelhilfen zu geben und gleichzeitig mit dem Kreuz einzuwirken. Und das müssen Sie in der Tat recht häufig, z.B. um das Tempo zu verstärken oder die Gangart zu wechseln.

Geht das Pferd Schritt, trabt es wahrscheinlich an, wenn Sie mit beiden Beinen kräftig

1.

2.

3.

4.

5.

6.

drücken, wenn nicht, dann stupsen Sie so lange, bis es schließlich trabt. Wenn Sie aber nur leicht bei jedem Schritt nachtreiben, wird das Pferd einen raumgreifenderen Schritt gehen. Das korrekte Treiben im Schritt erfolgt wechselseitig, aber es muß zum richtigen Zeitpunkt erfolgen.

Um diesen herauszufinden, beobachten Sie zunächst ein Pferd, das mit baumelnden Steigbügeln von Ihnen weggeführt wird. Jeder Steigbügel berührt die Seite des Pferdes immer kurz bevor das Bein auf derselben Seite auffußt. Wenn Sie die treibenden Hilfen in diesem Rhythmus geben, dann können Sie im Schritt die Hinterhand des Pferdes zu mehr Aktivität veranlassen. Als nächstes reiten Sie im Schritt ohne Sattel und lassen dabei die Beine locker baumeln. Wenn Sie sich jetzt vom Pferd hin- und herschaukeln lassen, statt vor- und zurückzuschwingen, werden Ihre Beine genau wie die Steigbügel gegen den Bauch des Pferdes fallen. Verstärken Sie aktiv den Druck, wird der Schritt des Pferdes raumgreifender. Wenn Sie an dieser Vorstellung arbeiten, sollten Ihnen zwei Dinge klarwerden. Erstens, Sie sollten ein Pferd nicht mit baumelnden Steigbügeln führen, denn sie könnten das Pferd veranlassen, schneller zu gehen. Zweitens, je mehr Sie zu fühlen versuchen, wann das Pferd welchen Fuß aufsetzt, desto einfacher wird es für Sie, genau zum richtigen Zeitpunkt zu treiben.

Um das Pferd im Leichttraben flott vorwärtszureiten, treiben Sie beim Einsitzen. Im Galopp muß Ihre Schenkelhilfe genau nach der Schwebephase kommen, dann fußt das Pferd mit einem Hinterbein auf.

Der einseitig treibende Schenkel

Dieses Pferd steht still. Legt der Reiter seinen rechten Schenkel etwas zurück und drückt ihn an den Leib des Pferdes, weicht das Pferd mit den Hinterbeinen nach links aus. Die Vorderbeine bewegen sich nur auf der Stelle, daher nimmt das Pferd seinen Kopf nach rechts.

Wenn Sie Ihren Unterschenkel etwas zurück-
legen und andrücken, tritt das Pferd mit der
Hinterhand zur Seite, es weicht also dem
Druck aus.

Stellen Sie sich wieder neben das Pferd, und
stupsen Sie es mit dem Zeigefinger in die Seite.
Wenn Sie jetzt Ihren Finger von der Stelle, an
der Sie das Pferd mit den Schenkeln vorwärtstreiben, weiter nach hinten bewegen, wird das
Pferd, statt mit der Haut zu zucken, mit den
Hinterbeinen seitwärtstreten, von Ihnen weg.
Möglicherweise hebt es dazu das Hinterbein
auf der Ihnen zugewandten Seite, setzt es
in der Mitte unter seinem Hinterleib wieder auf,
verlagert sein Gewicht darauf und wendet die
Hinterhand so von Ihnen und Ihrem pieksen-
den Zeigefinger weg. Beim Reiten sollte der
seitwärtstreibende Schenkel ungefähr eine
Handbreit hinter dem Gurt liegend einwirken.

Versuchen Sie es zunächst auf einem stehen-
den Pferd. Ist dieses Pferd allerdings von noch
unerfahrenen Menschen geritten worden,
kann es das gleiche von Ihnen vermuten und
geht vorwärts, in dem Glauben, daß Sie das
eigentlich wollen. Steht es allerdings vor einem
Zaun oder wird es am Kopf festgehalten, wird
es Ihr Kommando besser verstehen. Ein gut gerittenes Pferd (oder ein junges) wird auf diese
Hilfe hin sofort zur Seite treten. Unter Umständen können Sie es sogar zu einer vollständigen Wendung auffordern, bei der es die Vorderbeine an der gleichen Stelle läßt.

Versuchen Sie es jetzt auch in der Bewegung.
Sehr gut geht es, wenn Sie in der Mitte eines
Weges reiten. Treiben Sie mit dem rechten
Bein, wird das Pferd sich allmählich auf die linke Seite des Weges begeben. Ein schlecht gerittenes Pferd wird vielleicht meinen, es soll
schneller gehen, doch ein gut gerittenes wird
sofort richtig reagieren. Es wird sich allerdings
nicht in die Richtung, in die es geht, stellen,
sondern gerade bleiben oder sogar mit der
Hinterhand führen.

Sie werden feststellen, daß das Pferd besser
seitwärts geht, wenn Sie die Hilfe in dem Moment geben, da es das Hinterbein – in diesem
Fall das rechte – vorführt. Denn dann wird es
mit diesem Hinterbein seitwärts übertreten.
Sie können diesen Moment erfühlen, da sich
die rechte Hüfte absenkt, wenn das Pferd das
rechte Hinterbein wieder Richtung Boden
führt. Das wird Ihnen aber erst gelingen, wenn
Ihr Rücken gerade und unverkrampft ist.

Wenn Sie an der Longe mit dem inneren
Schenkel seitwärtstreiben, weicht das Pferd

mit der Hinterhand nach außen aus, so daß seine Hinterbeine auf einem größeren Zirkel gehen als seine Vorderbeine, es geht also fast seitwärts, dabei wird der Kopf durch die Longe
nach innen gezogen. Setzen Sie hingegen Ihren
äußeren Schenkel ein, können Sie dem Ausfallen der Hinterhand entgegenwirken. Ist das
Pferd ausgebunden, wird es sich biegen, so daß
es auf die Zirkellinie eingestellt ist. Ist das
Pferd steif, wird es sich nicht biegen wollen,
sondern einfach nach innen gehen. Dann müssen Sie mit dem inneren Schenkel vorwärtstreiben, am Gurt, um es wieder auf die Zirkellinie zu bringen.

Wenn Sie diese Hinweise auf verschiedenen
Pferden in die Praxis umsetzen, werden Sie
feststellen, daß einige besser dem Schenkel
weichen als andere. Am Anfang der Ausbildung reagieren alle Pferde gut, doch wenn die
jeweiligen Reiter diese Lektion längere Zeit
nicht reiten, verlieren sie ihre Sensibilität für
den seitwärtstreibenden Schenkel. Sie können
Ihrem Pferd helfen, seine Sensibilität wieder-
zugewinnen, indem Sie es loben, wenn es gehorsam ist.

*Dieses Pferd geht
energisch vorwärts.
Wenn sein Reiter mit
dem rechten Schenkel
seitwärtstreibt,
weicht das Pferd mit
der Hinterhand nach
links aus. Sie können
auf dem Foto sehen,
daß das rechte
Hinterbein nach
links tritt und das
linke überkreuzt. Da
das Pferd aber
gleichzeitig
vorwärtsgeht, tritt es
auch mit den
Vorderbeinen
seitwärts über, so daß
es seinen ganzen
Körper vorwärts-
seitwärts bewegt.*

Zügelführung

Halten Sie die Zügel leicht in Ihren Fäusten, sie laufen über Ihre Handinnenflächen. Finger, Handgelenke und Arme sollten locker, geschmeidig und entspannt sein.

Von allen Hilfen sind die Zügelhilfen diejenigen, die Ihnen und Ihrem Pferd die meisten Probleme bereiten, wenn Sie sie falsch einsetzen. Bei grober Einwirkung fügt jedes Gebiß einem Pferd Schmerzen zu. Wenn das Pferd vor den zu erwartenden Schmerzen Angst hat, wird es sich verspannen, kämpfen oder abstumpfen und unempfindlich werden, das hängt von seinem Charakter ab. Welche Reaktion das Pferd auch immer zeigt, keine wird dazu beitragen, eine harmonische Partnerschaft aufzubauen. Bevor Sie also die Zügel aufnehmen, schauen Sie sich an, was das Pferd im Maul hat und denken Sie daran, wie es sich anfühlt. Ein Pferdemaul ist nicht weniger sensibel als Ihr eigener Mund. (Auf den Seiten 148–153 können Sie nachlesen, welche verschiedenen Gebisse es gibt und wie sie wirken.)

Ziehen Sie niemals an den Zügeln. Es gibt drei Arten der Zügeleinwirkung. Sie können mit Ihren Händen den Bewegungen des Pferdekopfes folgen, das Pferd spürt keinen Druck durch die Zügel und bewegt sich frei (nachgebend). Lassen Sie die Hände stehen, kann das Pferd Kopf und Hals nicht mehr frei bewegen, und die Vorderbeinaktion wird eingeschränkt (verhaltend). Sie können die Hände aber auch nach oben oder zur Seite führen, um Kopf und Hals des Pferdes zu dirigieren (anordnend). Wenn Sie anordnen oder aber Ihre Hand hinstellen, müssen Sie mitunter mehrere halbe Paraden mit der Faust geben, als ob Sie einen Schwamm ausdrücken oder eine Kuh melken, Sie erinnern sich, daß Sie auch bei den Schenkelhilfen mitunter mehrmals einwirken müssen, wenn das Pferd Ihre Hilfen nicht sofort beachtet. Niemals sollen Sie den Zügel zu sich ziehen, ihn stur mit viel Gewicht halten oder mit der Kraft des ganzen Armes daran zerren, denn dann wird das Pferd sich gegen den Zügel wehren anstatt den Zügelhilfen nachzugeben.

Üben Sie zunächst in einer Reithalle oder an der Longe, damit Sie nicht, wenn Sie das Pferd einmal nicht mehr unter Kontrolle haben, in Panik geraten und zu grob mit den Zügeln einwirken. Halten Sie die Zügel in Ihren Fäusten, dabei sind Ihre Arme und Schultern locker und entspannt. Ellenbogen, Zügel und Pferdemaul sollten eine gerade Linie bilden: Falls Sie Ihre Handgelenke ein- oder ausdrehen, oder Ihre Arme so anspannen, daß Ihre Hände zu hoch sind, ist Ihre Zügelführung hart und wenig pferdefreundlich. Entspannen Sie Ihre

Arme und vor allem Ihre Handgelenke, dann wird Ihre Zügelführung weich sein.

Ein Pferd sollte die Zügel nur spüren, wenn Sie Ihre Fäuste fester schließen. Das Zusammendrücken der Fäuste soll das Gefühl vermitteln, man habe einen kleinen Fisch gefangen. Verändern Sie die Zügellänge so lange, bis Ihre Hände rechts und links vor dem Sattel stehen und Sie dieses Gefühl haben.

Spielen Sie im Stand mit diesem »kleinen Fisch«. Hat das Pferd Hals und Kiefer entspannt, wird es im Genick nachgeben (s. S. 148 und 150). Hat das Pferd allerdings ein totes Maul, spielen Sie so lange mit den Zügeln, bis es schließlich doch reagiert. Pferde, die schlecht geritten wurden, stumpfen ab und werden so unempfindlich gegen Schmerzen, bei ihnen muß man lange mit den Zügeln spielen, zuletzt entspannen sie sich aber doch. Werden Sie nicht grob mit den Zügeln: Das Pferd verspannt sich nur. Wann immer Sie reiten, bewahren Sie die Geduld und spielen Sie

mit den Zügeln, bis Sie spüren, daß das Pferd sich entspannt und seine Aufmerksamkeit auf Sie richtet.

Wenn das Pferd sich bewegt, müssen Ihre Hände den Bewegungen des Pferdekopfes folgen, damit die Zügel sich nicht bei jedem Schritt spannen. Sie werden bemerken, daß ein Pferd im Trab den Kopf höher und ruhiger trägt als im Schritt.

Üben Sie nicht konstanten Druck auf das Pferdemaul aus. Wenn das Pferd entspannt ist, kann es Veränderungen durch Ihre Hände am besten spüren, wenn die Zügel fast durchhängen.

Ständiger Zug führt zu einem »toten Maul«, Sie haben also im Endeffekt weniger Kontrolle über das Pferd, nicht mehr. Leider wird gerade dieser Punkt häufig sehr mißverstanden. Wenn Sie nicht mit »leichter« Hand reiten – weich, vorsichtig und freundlich – werden Sie niemals gut reiten. Eine harte Reiterhand richtet den meisten Schaden an.

Beim Vorwärtsgehen bewegt sich der Kopf des Pferdes auf und ab. Folgen Sie diesem Nicken aus der Schulter heraus, so daß sich Ihre Hände mitbewegen, sonst wären die Zügel bei jedem Schritt gespannt.

Wenn Sie die Hände hinstellen, kann das Pferd seinen Kopf nicht mehr nach vorne strecken und auch nicht mehr frei vorwärtsschreiten. Halten Sie die Fäuste gut geschlossen, damit die Zügel nicht durchrutschen.

Der offene (innere) Zügel

Wenn Sie eine Hand vom Pferdehals zur Seite wegführen, wendet das Pferd seinen Kopf zu eben dieser Seite, genauso, wie wenn Sie es führen.

Gewöhnlich braucht man die Hand nur ein paar Zentimeter weit zu führen. Ein junges Pferd braucht vielleicht etwas mehr Hilfestellung; auf einem gut gerittenen brauchen Sie wirklich nur die Schultern zu drehen, dabei bewegt sich die Hand schon so viel, daß das Pferd es durch den Zügel spürt.

Beachten Sie, daß Sie mit dieser Zügelhilfe das Pferd nur auffordern, den Kopf zu wenden, nicht den ganzen Körper. Es kann nämlich auch mit zur Seite gebogenem Kopf geradeaus Schritt, Trab und sogar Galopp gehen. Im Stand wird das Pferd nur seinen Kopf wenden, nicht sich ganz umdrehen; Ihre Schenkelhilfen fordern das Pferd auf, sich zu bewegen (s. S. 84–89 für Wendungen im Stand).

Anfänger glauben häufig, man »steuere« ein Pferd mit den Zügeln, eine Vorstellung, die uns von ganz alleine kommt: Was immer wir auch tun, die Kontrolle liegt gewöhnlich in unseren Händen. Leider ist dieses Verhalten, wie auch das In-sich-Zusammenkriechen bei Furcht, auf einem Pferd völlig fehl am Platze. Mit den Zügeln können Sie nur den Kopf eines Pferdes wenden, nicht seinen Körper, es sei denn, es will zufällig gerade in die Richtung gehen. Nehmen Sie sich Zeit, dieses in Ruhe und langsam auszuprobieren, um sich selbst zu lehren, daß Ihr Instinkt falsch ist, oder aber Sie müssen feststellen, daß Sie etwas Falsches machen, wenn Sie aufgeregt sind.

Vielleicht merken Sie, daß das Pferd sich im Maul festmacht und sich weigert zu reagieren. Ziehen Sie nicht einfach weiter am Zügel, das Pferd wird nur gegenziehen. Geben Sie stattdessen durch mehrmaliges Schließen der Fäuste halbe Paraden, bis das Pferd sein Maul wieder entspannt und den Kopf wendet. Selbst wenn es ausgesprochen störrisch zu sein scheint, bewahren Sie die Ruhe. Arbeiten Sie mit ihm im Stand, bis es den Kopf für Sie wendet, dann loben Sie es. Danach versuchen Sie es wieder in der Bewegung.

In der europäischen Reitweise setzt man den offenen Zügel ein, um ein Pferd zu wenden. Dabei soll das Pferd sich mit seinem ganzen Körper biegen, Kopf und Hals weisen in die Richtung, in die es gehen soll. Natürlich drehen Sie dabei ein wenig die Schultern, so daß Sie Ihr Gewicht etwas auf den inneren Gesäßknochen, also auf die Seite, zu der Sie wenden möchten, verlagern (s. S. 54). Das bedeutet, Ihre Hand geht nicht nur zur Seite sondern auch etwas zurück. Dieses Annehmen ist kein Fehler, Sie dürfen aber nicht mit den Zügeln nach rückwärts einwirken. Die Wirkung auf das Pferd ist eine ganz andere.

Bei den schnellen, in starker Schräglage ausgeführten Wendungen beim Westernreiten oder Polo, ist es egal, wo das Pferd seinen Kopf hält. Je schneller ein Pferd wendet, desto eher hält es dabei den Kopf geradeaus oder sogar in Außenstellung. Nur so kann es in diesem hohen Tempo das Gleichgewicht halten. In diesen Sparten der Reiterei kommt der offene Zügel eigentlich gar nicht zum Einsatz, außer am Anfang der Ausbildung.

Sie verkürzen die Zügel, indem Sie sie abwechselnd durch die Hände ziehen, wie hier zu sehen. Beide Zügel sollten immer auf gleicher Länge sein. Wenn Ihr Pferd den Kopf beim Reiten leicht zur Seite wendet, halten Sie möglicherweise einen Zügel fester als den anderen.

Dieses Pferd wendet
Hals und Kopf in
Richtung zum
offenen Zügel.
Beachten Sie, daß bei
diesem sensiblen
Pferd nicht am Zügel
gezogen werden muß;
es braucht noch nicht
einmal ein Gebiß.

Der offene Zügel von
oben betrachtet.
Führt die Reiterin
ihre Hand nach links,
wird das Pferd seinen
Kopf ebenfalls in die
Richtung wenden.

Der indirekte (äußere) Zügel

Wenn Sie Ihre Hand über den Mähnenkamm des Pferdes führen, drückt der Zügel gegen Hals und Schulter des Pferdes, das Pferd weicht dem Druck aus. Auf dem Foto rechts wird der indirekte Zügel rechtsseitig angewendet. Man sieht, daß das Pferd mit der Schulter nach links ausweicht, den Kopf dabei aber gerade hält.

Man spricht von »indirekter« Zügelhilfe, weil Sie den Zügel auf der zur gewünschten Richtung gegenüberliegenden Seite einsetzen. Mit dem Gebiß geschieht gar nichts: Das Pferd reagiert auf das Anlegen des Zügels an den Hals.

Wichtig ist, daß Sie nicht den Mähnenkamm kreuzen. Wenn Sie es tun, dann wirken Sie auf das Gebiß ein, das Pferd wendet den Kopf nach rechts, Hals und Schultern aber sollen nach links.

Wenden Sie den indirekten Zügel im Stand an, wird sich das Pferd möglicherweise nicht tatsächlich davon wegbewegen, auch wenn Sie fühlen werden, wie es sein Gewicht auf die andere Seite verlagert. Wenn das Pferd nicht gerade sehr stark versammelt ist, trägt es auf der Vorhand zu viel Gewicht, um sie zu bewegen, ohne nicht auch die Hinterbeine einzusetzen. In der Vorwärtsbewegung kann das Pferd besser reagieren.

Häufig werden der offene und der indirekte Zügel kombiniert, das Pferd wird aufgefordert, Kopf, Hals und Schultern in dieselbe Richtung zu bewegen. Das ist ganz einfach, wenn Sie gleichzeitig auch noch geringfügig das Gewicht verlagern, indem Sie Kopf und Schultern in die Richtung drehen, in die Sie abwenden wollen. Wenn Ihre Hände immer den gleichen Abstand voneinander haben, setzen Sie den indirekten Zügel ganz automatisch ein. Das gleiche gilt, wenn Sie mit einhändiger Zügelführung reiten.

Viele Anfänger lehnen sich ängstlich nach vorne, wenn sie ein Pferd wenden wollen. Wenn Sie kurz darüber nachdenken, werden Sie erkennen, daß dann das Pferd mehr Gewicht mit der Vorhand tragen muß und deswegen schwieriger zu lenken ist. Ein Reiter, der sich nach vorne lehnt, muß sehr viel mehr Druck mit den Zügeln ausüben, bis das Pferd reagiert. Wenn Sie sich also bemühen, die Wirkungsweise dieser Zügelhilfe herauszufinden, erinnern Sie sich selbst daran, sich nicht vornüberzulehnen, wenn Sie den Zügel benutzen.

Viele Reiter in Europa benutzen niemals den indirekten Zügel, ihre Pferde würden diese für sie unbekannte Hilfe nicht beachten. Ein Pferd, das diese Zügelhilfe nicht kennt, kann allerdings auch nicht dazu aufgefordert werden, mit der Vorhand seitwärtszugehen, was sich mitunter als ganz praktisch erweisen kann.

Statt die Hand zum Mähnenkamm hinzuführen, kann man sie auch nach oben nehmen. Auf einem gut gerittenen Pferd ist das allerdings nie notwendig. Wenn Sie aber mit einem widersetzlichen Pferd daran arbeiten, kooperativer zu werden, kann sich diese Zügelführung als ganz nützlich erweisen. Wenn das Pferd nicht auf den offenen Zügel reagieren will, nimmt es das Gebiß zwischen die Zähne, macht den Hals steif und weigert sich, den Kopf zu wenden. Dann am offenen Zügel zu ziehen, macht die Sache nur schlimmer: Das Pferd reißt eventuell den Kopf hoch. Wenn Sie aber die gegenüberliegende Hand heben, wird der Zügel auf halber Höhe gegen den Hals drücken. Das Pferd reagiert darauf, indem es Hals und Kopf fallenläßt und in Richtung des offenen Zügels abwendet.

Sie können also den indirekten Zügel dazu einsetzen, daß das Pferd auf den offenen Zügel reagiert. Wenn Sie das ausprobieren, werden Sie weiterhin feststellen, daß Sie die Reaktion des Pferdes durch die Position des indirekten Zügels sogar steuern können. Nehmen Sie die Hand hoch, drückt der Zügel an der oberen Hälfte des Halses, das Pferd läßt den Hals fallen und wendet ihn ab. Setzen Sie ihn tiefer und weiter hinten ein, so wird der indirekte Zügel im Normalfall angewendet, drückt er auf den Übergang zwischen Hals und Schulter. Dann bewegt das Pferd Hals und Schulter zur Seite. Durch unterschiedliche Positionen des Zügels können Sie genau die Reaktion auslösen, die Sie haben wollen.

Neck-Reining

Neck-Reining ist die beim Westernreiten entwickelte Form des indirekten Zügels, das Pferd wendet Hals und Schulter vom gegen den Hals drückenden Zügel weg. Die Zügelhilfe erfolgt einhändig und wird auch im Polo oder einer anderen Sportart angewendet, wo Reiter und Pferd schnelle Wendungen reiten müssen.

Ein Westernpferd lernt, auf die leiseste Berührung des Zügels am Hals zu reagieren. Beachten Sie, daß es den Kopf nicht in die Richtung dreht, in die es wendet. Unterstützt durch das Gewicht des Reiters wendet es mit gerade gerichtetem Kopf. Das Pferd wendet wie ein Fahrrad; ein europäisch gerittenes Pferd bleibt aufrecht und biegt sich in der Wendung, wie ein Dreirad. Beide Formen der Wendung sind für ein Pferd natürlich. Es ist eine Frage des Stils, wie man eine Wendung reitet, und es hängt natürlich davon ab, welche Aufgabe gerade von dem Pferd gefordert wird.

Wahrscheinlich werden Sie feststellen, daß einige Pferde nicht so reagieren, wie sie sollen. Das kann daran liegen, daß ihre natürliche Reaktion nie belohnt, also nie verstärkt wurde. Es kann aber auch sein, daß der Winkel des Zügels, also der Punkt, wo er den Hals berührt, in verschiedenen Reitstilen unterschiedlich ist.

Neck-Reining ist mit einem Trensengebiß schwierig, denn das Gebiß selbst bewegt sich und verwirrt das Pferd. Wenn Sie also diese Zügelführung bei einem Pferd ausprobieren wollen, das normalerweise nicht so geritten wird, sollten Sie besser ganz auf das Gebiß verzichten. Es wird wunderbar auf ein Bosal (s. S. 152) reagieren, Westernpferde werden damit häufig im Training geritten. Wenn Sie keines besitzen, schnallen Sie die Zügel in den Kinnring eines Halfters. Die Zügel haben dann engeren Kontakt zum Hals des Pferdes, und Sie können auch, bis das Pferd besser reagiert, unbesorgt stärker einwirken, ohne befürchten zu müssen, das Pferd über das Gebiß zu verwirren. Schwierigkeiten bereitet es unter Umständen, ein Pferd nur mit dem Halfter zu stoppen, arbeiten Sie also nur auf einem kleinen, abgegrenzten Raum, und nur, wenn das Pferd ruhig und ausgeglichen ist. Loben Sie das Pferd, wenn es mitmacht, und es wird immer besser werden. Wenn das Pferd erst einmal erkannt hat, welche Reaktion Sie von ihm wollen, können Sie auch wieder mit Gebiß reiten. Achten Sie aber immer darauf, daß Ihre Zügel beim Neck-Reining durchhängen.

Auch wenn das Neck-Reining nun ganz und gar nicht dem europäischen Reitstil entspricht, kann es durchaus sehr nützlich sein. Denn es bedeutet, daß Sie einhändig reiten und auch noch schnell wenden können. Es sollte eigentlich ein fester Bestandteil in der Ausbildung eines »griffigen« Pferdes sein, d. h. eines Pferdes, das überaus sensibel auf die leiseste Zügeleinwirkung reagiert.

Da das Pferd beim Neck-Reining seine Schulter seitwärts bewegt, ist von allergrößter Bedeutung, daß Sie sich nicht nach vorne lehnen und damit den Schwerpunkt zu weit auf die Vorhand verlagern. Das bei den Cowboys häufig zu beobachtende Zurücknehmen des Oberkörpers hilft dem Pferd, schnell und richtig zu reagieren.

Ein Westernpferd trägt den Kopf tief, so daß der Reiter ein Lasso nach vorne werfen kann, ohne dabei den Kopf des Pferdes zu treffen. Normalerweise ist es mit einer Westernkandare oder einem Hackamore gezäumt, so daß sich das Zügelende hinter oder unter seinem Maul befindet. Wegen des Sattelhorns trägt der Reiter seine Hand relativ hoch. Zum Vergleich: Ein europäisches Pferd trägt seinen Kopf höher; der Zügel endet mehr oder weniger an seinem Maul; der Reiter hält die Hände tiefer. Daher laufen die Zügel recht unterschiedlich am Hals des Pferdes entlang, Neck-Reining mit europäischer Zäumung ist daher nicht ganz so leicht.

Die Reiterin führt
ihre Hand in die
Richtung, in die sie
wenden will,
nämlich nach links.
Das Pferd weicht mit
der Vorhand dem
Zügel aus.

Hier wendet das
Pferd nach rechts. Es
trägt keine
Zäumung, reagiert
also wirklich nur auf
den Zügel, der um
seinen Hals läuft. Ist
das Pferd mit Gebiß
aufgezäumt, müssen
die Zügel
durchhängen.

Tempo verändern

Wir haben bisher entdeckt, wie wir Kopf, Hals, Schultern und Hinterbeine eines Pferdes beeinflussen können. Sie können seinen Schwerpunkt nach vorne verlagern, zur Seite oder nach hinten. Sie können das Pferd zu mehr Rückentätigkeit und stärkerer Hinterhandaktivität auffordern. Der nächste Schritt ist nun zu erkennen, was das Pferd in ganz bestimmten Bewegungen mit seinem Körper macht. Dann erst verstehen Sie, welche Hilfen Sie geben müssen, um das Pferd zu eben diesen Bewegungen zu veranlassen.

Beobachten Sie Ihr Pferd, wenn es auf der Weide herumtollt, versuchen Sie zu erkennen, was es mit seinen Beinen macht, und wie es sich ausbalanciert. Häufig bewegt es sich allerdings so schnell, daß es sehr schwierig ist, den Bewegungsablauf nachzuvollziehen. Diese Fotos zeigen Pferde in der Bewegung, während sie ihr Tempo ändern.

Wenn Sie an der Longe reiten oder geführt werden, versuchen Sie, die Gleichgewichtsveränderungen zu fühlen, die bei einem Pferd auftreten, das schneller oder langsamer wird. Sie werden herausfinden, daß das Pferd angenehmer abstoppt, wenn Sie sich dabei zurücklegen, denn dadurch helfen Sie ihm.

Das Pferd links wechselt vom Trab zum Schritt. Es hat sein Gewicht nach hinten verlagert, kann also die Hinterbeine weiter unter den Körper schieben und wölbt den Hals mehr.

Das Pferd links hat aus dem Mittelgalopp plötzlich angehalten, die Veränderungen in seiner Körperhaltung werden so viel deutlicher, als wenn es aus dem Schritt stoppt. Es hat sein Gewicht so weit nach hinten verlagert, daß es fast

Dieses Pferd legt zu. Es hat verschiedene Möglichkeiten, im Trab zu beschleunigen. Hier verlängert es die Tritte, wechselt also vom Arbeitstrab in den verstärkten Trab. Es senkt die Kruppe, während es den Rücken wölbt, um mit den Hinterbeinen so weit wie möglich unterzutreten. So wie dieses Pferd hier mit raumgreifenden Tritten vorwärtsgeht, kann man den großen Schub aus der Hinterhand erkennen.

sitzt, dazu hat es den Kopf hochgenommen. Um sein Gewicht aufnehmen zu können, schiebt es die Hinterbeine ganz weit unter den Körper, zur Unterstützung wölbt es noch den Rücken auf.

Das Pferd links springt aus dem Trab sofort in den Galopp. Für einen kurzen Moment verlagert es sein Gewicht auf die Hinterhand und wölbt dabei den Hals, um das Gleichgewicht zu halten. Es wölbt den Rücken und senkt die Kruppe, um sein Gewicht mit weit untergeschobenen Hinterbeinen aufnehmen zu können. Dann hebt es die Vorderbeine vom Boden ab, um in den Galopprhythmus überzugehen. Dann springt es kraftvoll nach vorne, verlagert sein Gewicht auf die Vorhand und streckt Kopf und Hals. Man kann deutlich erkennen, daß das Pferd für den Bruchteil einer Sekunde nur auf beiden Hinterbeinen steht, um seine Vorderbeine vom Boden abzuheben. Im Trab ist immer eins am Boden, das gegenüberliegende in der Luft; im Galopp werden beide Vorderbeine mehr oder weniger zusammen nach vorne bewegt. Die Gewichtsverlagerung nach hinten dauert aber nur so lange an, wie das Pferd braucht, um seine Vorderbeine zu heben; danach ist die Gewichtsverteilung wieder ganz normal. Im Gegensatz dazu bleibt der Schwerpunkt des Pferdes beim Abstoppen so lange nach hinten verlagert, bis es das gewünschte Tempo erreicht hat.

Tempo einfangen und Halten

Im Idealfall hält ein Pferd immer, wenn Sie es wollen, willig an. Es steht gleichmäßig auf seinen vier Füßen, wölbt den Rücken und hat die Hinterbeine tief unter den Körper geschoben. Es hebt nicht den Kopf, sondern wölbt den Hals etwas mehr. So ist das Anhalten perfekt, denn das Pferd nimmt eine Haltung an, die es ihm ermöglicht, in jede vom Reiter gewünschte Richtung und jeder Gangart anzutreten.

Manchmal allerdings wollen Pferde nicht anhalten. Dann geht es in erster Linie darum, das Pferd überhaupt irgendwie zu stoppen, von einem perfekten Anhalten kann dann keine Rede mehr sein. Es ist sowieso gar nicht so einfach, ein Pferd perfekt zum Stand zu bringen. Die Schenkelhilfe ist schwierig zu dosieren, denn die treibenden Hilfen hängen sehr davon ab, wie rittig das Pferd ist, wie willig es am Gebiß steht usw. Bevor Sie das beurteilen können, müssen Sie erst Erfahrungen sammeln.

Der einfachste und sicherste Weg ein Pferd anzuhalten ist, sich zurückzulehnen, sich dabei schwer in den Sattel zu setzen und die Hände still hinzustellen. Schließen Sie die Fäuste fest um die Zügel, die Daumen liegen obenauf und verhindern, daß die Zügel durchrutschen. Sie brauchen nicht am Zügel zu ziehen. Ihr *Gewicht* bringt das Pferd zum Anhalten, nicht

ihre Hände. Ein Pferd kann, wenn es das will, das Gebiß zwischen die Zähne klemmen und mit Ihnen durchgehen. Es kann aber nicht losrennen, wenn Sie seinen Schwerpunkt nach hinten verlagern, egal, wie heftig es ist. Sie müssen also ihr Gewicht einsetzen.

Elegant sieht so ein Anhalten oder Durchparieren allerdings nicht aus. Eventuell reißt das Pferd dabei den Kopf hoch in die Luft. Es kann auch noch den Rücken durchdrücken, so daß seine Hinterbeine weit nach hinten herausstehen. Das ist für den Rücken des Pferdes nicht gerade gut. Aber es wird anhalten. Haben Sie erst einmal festgestellt, daß Sie Ihr Pferd anhalten können, versuchen Sie, Ihre Einwirkungen zu verbessern. Lehnen Sie sich nicht mehr so weit zurück, ein bloßes Zurücknehmen der Schultern reicht. Schieben Sie mit dem Kreuz, so daß Ihr Gesäß tief in den Sattel kommt. Legen Sie die Beine ans Pferd, treiben Sie aber nicht mit den Absätzen, sondern nehmen Sie nur leichte Fühlung auf. Beobachten Sie den Kopf des Pferdes. Das Pferd hebt ihn, wenn es anfängt, den Rücken wegzudrücken. Wenn Sie etwas treiben, wird es ihn nicht heben. Stellen Sie sich vor, Sie lenken das Pferd gegen eine Wand: Ihre Hände. Ein harmonisches Anhalten ist für das Pferd angenehmer. Verleiden Sie

Wenn Sie anhalten wollen, lehnen Sie sich etwas zurück, treiben leicht mit den Schenkeln und lassen Ihre Hände stehen. Dieses Durchparieren zum Halten ist zwar nicht sehr elegant, aber wirksam.

Wenn ein Pferd stoppt, verlagert es sein Gewicht nach hinten, schiebt die Hinterbeine weit unter den Körper und wölbt den Hals. Auf dem Foto unten sehen Sie die gleiche Bewegung unter dem Reiter, perfekt geritten.

einem Pferd das Anhalten, will es das schließlich nicht mehr. Einige Pferde wollen nicht anhalten, weil sie Angst vor dem Gebiß haben: Sobald sie Druck auf dem Gebiß spüren, machen sie sich fest und rennen los. Die Ursache liegt häufig darin, daß jemand an den Zügeln gerissen und ihnen dadurch wehgetan hat. Es erweist sich häufig als sehr hilfreich, das Gebiß zu wechseln. Wenn ein Pferd sich jedesmal, sobald Sie die Zügel einsetzen, aufregt, wirken Sie entweder mit den Händen zu stark ein oder das Gebiß ist zu scharf. Es klingt paradox, aber ein Pferd, das sich mit einem scharfen Gebiß schlecht anhalten läßt, geht häufig mit einem weichen viel williger. Das begründet sich darin, daß die natürliche Reaktion eines Pferdes auf Schmerz oder Furcht Flucht ist. Wenn Sie die Ursache für seine Furcht entfernen, will es auch nicht mehr weglaufen.

Natürlich gibt es auch andere Gründe, warum ein Pferd mit seinem Reiter losrennt. Altgediente Reitschulpferde, die im Laufe vieler Jahre im Maul völlig abgestumpft sind, rennen vielleicht los, nur um eher wieder am Stall zu sein. Setzen Sie Ihr Gewicht ein; häufig erweist es sich als sehr hilfreich, das Pferd auf einen Zirkel abzuwenden. Vielleicht ist ein Pferd überfüttert, hat zuviel Kraftfutter bekommen,

so daß es vor Energie fast platzt. Eventuell ist der Reiter verspannt, dann fürchtet sich sein Pferd. Sitzen Sie aufrecht, nehmen Sie die Schultern zurück, schieben Sie Ihr Gesäß fest in den Sattel, und klammern Sie nicht mit den Beinen, dann wird Ihr Pferd sich wieder beruhigen.

Nun lassen Sie sich aber nicht von diesem Katalog möglicher Katastrophen abschrecken. Die meisten Pferde halten willig an, wenn Sie die richtigen Hilfen geben, und alle halten an, wenn Sie Ihr Gewicht einsetzen.

Leider werden viele Anfänger dadurch verschreckt, daß ein Pferd mit ihnen durchgegangen ist, nur weil sie nicht wußten, wie man es anhält. Wie Sie gesehen haben, braucht es seine Zeit, bis Sie Ihre natürlichen Reaktionen bei Furcht unter Kontrolle haben: nach vorne lehnen, mit den Beinen klammern, an den Zügeln ziehen. Jede dieser drei Reaktionen macht das Pferd nur schneller.

Üben Sie auf einem sicheren Platz so lange, bis es Ihnen in Fleisch und Blut übergegangen ist, mit dem Gesäß im Sattel zu bleiben und Ihr Gewicht nach hinten zu verlagern. Dann werden Sie sich sicher fühlen: Sie werden das Reiten genießen und dadurch auch immer besser reiten.

Zulegen

Ein Pferd hat mehrere Möglichkeiten zu beschleunigen. Es kann schnellere Schritte machen. Es kann aber seine Tritte auch verlängern. Oder es wechselt in eine Gangart, die es ihm ermöglicht, schneller zu laufen. Ein Pferd kann im Schritt nicht so schnell gehen wie im Trab, es kann aber auch nicht so schnell traben wie es galoppieren kann, obgleich es durchaus im Schrittempo traben oder galoppieren kann. Die schnellste Gangart ist der Renngalopp, dieser kann nicht verlangsamt werden.

Der Reiter auf den Fotos oben wechselt vom Trab zum Galopp. Den meisten Anfängern bereitet dieser Übergang die meisten Schwierigkeiten.

Wenn ein reiterloses Pferd (s.u.) vom Trab in den Galopp überwechselt, wölbt es den Rücken, schiebt die Hinterbeine weit unter den Körper, verlagert dabei das Gewicht nach hinten, so daß es beide Vorderbeine vom Boden lösen kann, um den Galopprhythmus aufzunehmen. Zum Auffußen der Vorderbeine verlagert es sein Gewicht wieder nach vorne.

Die Reiterin hier setzt sich schwerer in den Sattel und spannt das Kreuz an, damit das Pferd den Rücken aufwölbt; sie treibt mit den Beinen, um die Hinterhand des Pferdes zu aktivieren; sie nimmt die Schultern zurück, um das Pferd bei der Gewichtsverlagerung zu unterstützen; und sie hält einen Moment lang die Hände still, damit das Pferd seinen Hals etwas mehr aufwölbt. Dann nimmt das Pferd seine Vorderbeine hoch, statt nur nach vorne auszugreifen. Die Reiterin macht das alles gleichzeitig, in einem Sekundenbruchteil, denn schon im nächsten Moment, da sie merkt, daß das

Pferd die Gangart wechselt, gibt sie mit den Händen nach, damit das Pferd mit den Vorderbeinen ausgreifen kann, und sie sitzt wieder gerade, so daß es sein Gewicht mehr nach vorne verlagern kann.

Es hat den Anschein, als seien diese Hilfen die gleichen, die auch zum Anhalten eingesetzt werden, Sie wundern sich vielleicht, warum das Pferd nicht stehenbleibt. Wenn Sie die Fotos des stoppenden Pferdes von Seite 72 mit diesen hier, auf denen das Pferd in den Galopp überwechselt, vergleichen, werden Sie erkennen, daß die Pferde so ziemlich das gleiche machen. Der Unterschied liegt darin, daß das stoppende Pferd seine Vorderbeine in den Boden stemmt; doch Gleichgewicht, Rücken, Hinterbeine und Kopf sind genauso wie bei dem anderen Pferd. Daher überrascht es nicht, daß die Hilfen sehr ähnlich sind. Sie unterscheiden sich nur in der Intensität und der zeitlichen Abstimmung. Die Reiterin gibt die Galopphilfe nur einen kurzen Moment lang; gleich danach geht sie mit der Hand vor und verändert ihren Schwerpunkt. Beim Angaloppieren sind die Schenkel- und Kreuzhilfen deutlicher, das Pferd wird stärker zum Vorwärtsgehen aufgefordert. Statt nur mit den Beinen Fühlung aufzunehmen, gibt die Reiterin wirklich Schenkeldruck; statt das Gesäß nur schwer in den Sattel zu bringen,

schwingt sie mit dem Kreuz einmal richtig durch.

Geben Sie im Trab nur Schenkelhilfen, wird das Pferd schneller traben, denn das ist keine Galopphilfe, Sie fordern das Pferd nur auf, mehr Hinterhandaktivität zu zeigen.

Wenn Sie auf diese Art und Weise angaloppieren, wird das Pferd auf der Hand anspringen, die es bevorzugt. Wenn Sie aber ganz gezielt Rechts- oder Linksgalopp reiten wollen, dann müssen Sie die Galopphilfen mit denen zum Wenden kombinieren (s.a.n.S. und S. 85). Das Pferd führt immer mit dem Bein der Seite, zu der es gestellt ist.

Andere Möglichkeiten, schneller zu reiten

Vom Halten zum Schritt: Beide Beine treiben, die Reiterhand geht vor.

Zulegen im Schritt: Bei jedem Schritt nachtreiben oder abwechselndes Treiben mit den Schenkeln wie auf S. 60 beschrieben.

Schrittfolge verlängern: Bei jedem Schritt des Pferdes zusätzlich mit dem Kreuz nachtreiben.

Vom Schritt zum Trab: Kurzer Druck mit beiden Schenkeln, so lange wiederholen, bis das Pferd antrabt. Einige Pferde müssen etwas nachdrücklicher aufgefordert werden. Vermeiden Sie es, mit den Schenkeln zu klopfen: Das Pferd stumpft nur noch mehr ab. Wenn Sie meinen, es ginge nicht ohne klopfen, dann haben Sie noch nicht herausgefunden, wie Sie Ihre Beine eigentlich einzusetzen haben. Vielleicht ziehen Sie auch jedesmal beim Treiben an den Zügeln.

Zulegen im Trab: Bei jedem Tritt mit beiden Beinen nachtreiben.

Verstärkter Trab: Schwer in den Sattel sitzen, bei jedem Trabtritt gleichzeitig Schenkel- und Kreuzhilfen. Treiben Sie nach, bis Sie fühlen, wie das Pferd den Rücken wölbt. Dann gehen Sie mit den Händen vor. Das Pferd wird den Kopf ein wenig vorwärts-abwärts strecken, also seinen Rahmen erweitern, um mit den Vorderbeinen ausgreifen zu können, also braucht es etwas mehr Zügel.

Vom Galopp zum Renngalopp: Wirken Sie deutlich mit Kreuz und Schenkeln ein, dann gehen Sie in den leichten Sitz über.

Richtung ändern

Wenn Sie Pferde beim Herumtoben beobachten, werden Sie feststellen, daß sie viele verschiedene Möglichkeiten haben, die Richtung zu ändern. Häufig wenden sie um ihren Körpermittelpunkt. Aber sowohl im Stand als auch in der Bewegung kann das Pferd auf unterschiedliche Arten seine Richtung wechseln. Pferde können dazu auch seitwärts gehen.

Bei einer schnellen, scharfen Wendung legt sich das Pferd in die Kurve, wie ein Fahrrad. Es nimmt den Kopf nicht mit in die Wendung, sondern eher als Gegengewicht zur anderen Seite, dann kann es sich mehr in die Wendung hineinlehnen und noch knapper wenden. Das Gewicht liegt auf der Hinterhand, die Hinterbeine werden weit unter den Körper geschoben; das Pferd hebt die Vorderbeine an und wirft seinen Körper herum. Auf diese Art sollen Westernpferde wenden.

Das Pferd oben wendet auf der Stelle, Es hat sein Gewicht auf die Vorderbeine verlagert, diese bewegen sich auf einer Stelle, während es mit der Hinterhand auf einem Kreisbogen um seine Vorhand herumgeht. Diese Richtungsänderung erinnert entfernt an eine Vorhandwendung.

Ein geschmeidiges Pferd kann auch seitwärts laufen, dabei werden die Beine überkreuzt. Es bleibt in sich gerade gerichtet. Ein Pferd kann sich in jedem Winkel seitwärts fortbewegen.

Durch unterschiedliche Hilfengebung können Sie ein Pferd auf jede Weise wenden, genauso, wie es das ohne Reiter auch macht. Doch zunächst müssen Sie eine einfache Wendung üben, bis Sie und das Pferd ein harmonisches Team bilden. Allmählich werden Sie immer mehr Wendungen beherrschen, bis Sie auch in schnellem Tempo mehrmals die Richtung wechseln können, wie es ein frei laufendes Pferd auch macht. Aber achten Sie ganz besonders darauf, wie sich der Schwerpunkt des Pferdes in den Wendungen verlagert. Wenn Sie selbst nicht geschmeidig sind und die Balance halten können, kann das Pferd noch nicht einmal die einfachste Wendung ausführen, ohne daß Sie mit ihm kämpfen. Für diese wunderbaren gymnastischen Übungen, die das Pferd durchführt, muß es lebhaft sein, geschmeidig und gut ausbalanciert. Aber selbst wenn das Pferd alle Voraussetzungen mitbringt, kann es die Wendungen mit Ihrem Gewicht auf dem Rücken nicht ausführen, wenn Sie nicht die gleichen Voraussetzungen mitbringen.

Unten ist eine andere Wendung auf der Stelle zu sehen. Diesmal hat das Pferd seine Hinterbeine weit unter den Körper geschoben, verlagert sein Gewicht darauf und führt die Vorhand auf einem Kreisbogen um die Hinterhand herum. Das Pferd führt eine Hinterhandwendung aus.

Eine langsame Wendung (oben), das Pferd biegt seinen ganzen Körper um die Kurve, auch Kopf und Hals nimmt es mit in die Wendung. Hier lehnt das Pferd sich nicht in die Kurve, sondern macht mit den äußeren Beinen (hier die rechten) raumgreifendere Tritte als mit den inneren. Es biegt um die Kurve wie ein Dreirad. In der klassischen Reiterei werden alle Wendungen so geritten.

79

Die Wendung aus der Bewegung: europäischer Stil

Hier können Sie sehen, wie die Reiterin den äußeren Schenkel hinter den Gurt legt, um die Hinterhand des Pferdes nach links zu treiben. Das innere Bein befindet sich in der normalen Position am Gurt.

Sie wollen, daß das Pferd sich mit seinem ganzen Körper auf die Wendung einstellt, sich biegt, einschließlich Hals und Kopf. Wenn Sie von der geraden Linie nach links abwenden wollen, soll der Kopf des Pferdes nach links gehen, ebenso seine Schulter und die Hinterhand.

Diese Reiterin wendet nach links. Sie wendet den Kopf des Pferdes, indem sie den offenen Zügel einsetzt. Sie wendet seine Schulter, indem sie den indirekten Zügel anwendet. Sie wendet seine Hinterhand, indem sie den rechten Schenkel verwahrend hinter den Gurt legt. Daher liegen ihre zwei Beine in verschiedenen Positionen. Sie hat ihre Schultern mit in die Wendung genommen, ihre Hüfte aber bleibt gerade, so daß sie den linken Gesäßknochen mehr belastet. Eventuell müssen Sie mit dem linken Schenkel das Pferd leicht vorwärtstreiben.

Anfänger können bei dieser Wendung viele typische Fehler machen. Ein ängstlicher Reiter lehnt sich häufig nach vorne, dadurch wird die Vorhand des Pferdes zu stark belastet und das Wenden fällt ihm schwerer. Je aufrechter Sie sitzen, und je mehr Sie Ihre Beine einsetzen, desto leichter wird das Pferd wenden. Arbeiten Sie daraufhin, Ihre Hände so wenig wie möglich einzusetzen, und geben Sie immer zuerst die Schenkelhilfen.

Manch einer zieht auch nur an einem Zügel, in der Hoffnung, das Pferd wird schon dahin laufen, wo sein Kopf hinzeigt, diese recht schludrige Hilfengebung führt allerdings nicht oft zum Erfolg, denn ein Pferd kann mit seitwärts gebogenem Kopf in allen Gangarten geradeaus laufen. Den Körper des Pferdes wenden nur Ihre *Beine*.

Sie können den offenen Zügel nicht durch bloßes Ziehen am inneren Zügel ersetzen. Die Hinterhand des Pferdes wird ausfallen, es wird sich nicht im ganzen Körper biegen. Setzen Sie den offenen Zügel ein. Niemals dürfen Sie am Zügel ziehen.

Das Pferd hat verschiedene Möglichkeiten, sich Ihrer Hilfengebung zu entziehen. Es kann das Gebiß zwischen die Zähne klemmen und Ihren offenen Zügel total ignorieren. Verstärken Sie die Zügeleinwirkung nicht, sondern geben Sie mehrere halbe Paraden. Reißt das Pferd den Kopf hoch, heben Sie Ihre äußere Hand, so daß das Pferd den Hals fallenläßt und in Richtung des inneren Zügels wendet.

Vielleicht ist das Pferd aber so steif, daß es sich gar nicht so recht biegen kann. Dann wird

es versuchen, sich der Biegung zu entziehen, indem es einfach die Schulter zu viel nach innen bringt. Es fühlt sich an, als ob die Vorhand des Pferdes seitwärts schliddert. Man nennt dieses auch »über die Schulter einfallen«. Setzen Sie auf keinen Fall den indirekten Zügel ein. Verstärken Sie den Schenkeldruck innen. Sie können dann spüren, daß Ihr innerer Schenkel wie ein Pfosten wirkt, um den herum Sie das Pferd biegen. Je mehr Sie Ihre Beine einsetzen, desto besser können Sie das Pferd biegen.

Einige Schulpferde versuchen zu mogeln, indem Sie den Zirkel immer kleiner machen. Gehört Ihres auch zu dieser Sorte, setzen Sie verstärkt den inneren Schenkel ein, um das Pferd vorwärts-seitwärts zu treiben. Traben Sie, müssen Sie dabei aussitzen. Geht das Pferd flott vorwärts, wird es lieber auf einem großen als auf einem kleinen Zirkel gehen. Ziehen Sie nicht den Kopf des Pferdes nach außen: Bringen Sie es in Außenstellung, wird es einfach mit nach außen gestelltem Kopf auf dem kleinen Zirkel bleiben, und das ist nun gerade nicht Sinn der Übung.

Wie Sie sicherlich schon festgestellt haben, müssen Sie das Zusammenspiel der Hilfe immer wieder neu ausprobieren, um die gewünschte Reaktion beim Pferd auszulösen. Das ist ganz normal: Jedes Pferd reagiert anders. Wenn Sie immer nur ein und dasselbe Pferd reiten, stellen Sie sich darauf ein, werden Sie also nicht böse, wenn ein anderes Pferd auf Ihre Hilfen nicht so reagiert, wie Sie es wünschen. Pferde wissen nicht, was »richtig« ist: Sie reagieren nur auf das, was der Reiter macht. Wenn ein Pferd unsere Sprache nicht versteht, hat es keinen Zweck, lauter zu werden. Gehen Sie zurück zu den Grundlagen: Finden Sie heraus, wie das Pferd auf die unterschiedlichen Hilfen reagiert, dann werden Sie auch die richtige Hilfenkombination für das jeweilige Pferd entdecken. Im zweiten Schritt versuchen Sie dann, die Hilfen zu verfeinern, dadurch wird das Reiten für das Pferd angenehmer und es wird immer williger mitmachen.

Die Wendung aus der Bewegung: Western-Stil

Sie wollen, daß Ihr Pferd bei hoher Geschwindigkeit wendet, wie es das auch ohne Reiter macht. Es legt sich in die Kurve wie ein Fahrrad, statt seinen Körper der Wendung entsprechend zu biegen.

Die Reiterin leitet die Wendung durch Neck-Reining ein, sie setzt die Gewichtshilfe ein, indem sich zur Seite lehnt und verhindert mit dem verwahrend hinter dem Gurt liegenden äußeren Schenkel, daß die Hinterhand des Pferdes zu sehr ausfällt.

Am Anfang werden Sie sicher nicht so schnelle oder scharfe Wendungen reiten wie hier zu sehen; aber auch in einer langsamen, vorsichtigen Wendung sind die Hilfen die gleichen. Reagiert das Pferd nicht auf das Neck-Reining, nehmen Sie die Hand höher, so daß die Zügel weiter oben am Hals liegen, wie diese Reiterin es macht. Sie sollten die Zügel nicht weiter auf die andere Seite des Halses führen, denn dann üben Sie Zug auf das Gebiß aus. Gehen Sie mit der Hand weiter nach vorne, reagiert das Pferd besser auf den Zügel am Hals, und Sie wirken nicht auf das Maul des Pferdes ein.

Schon rein physisch ist es für ein Pferd unmöglich, sich bei dieser Geschwindigkeit so zu biegen, daß es genauso scharf diese Wendung nehmen könnte: Seine Wirbelsäule ist gar nicht so biegsam. (Auf Seite 109 ist dargestellt, wie weit sich ein geschmeidiges Pferd seitwärts biegen kann.) Auch wenn Sie den europäischen Reitstil praktizieren, in schnellen Disziplinen wie Polo, Horseball und Gymkhanas müssen Sie Wendungen auf diese Art und Weise reiten, gleiches gilt natürlich, wenn Sie Rinder oder Schafe treiben. Je schneller und schärfer die Wendung ist, desto mehr Kopffreiheit müssen Sie dem Pferd lassen, damit es seinen Kopf, wenn notwendig, als Gegengewicht einsetzen kann. Daher empfiehlt sich auch das Neck-Reining, denn damit dirigieren Sie nur den Hals des Pferdes, nicht seinen Kopf.

Üben Sie langsame Wendungen, bis Sie sicher und harmonisch zusammenarbeiten. Wenn Sie zu viel die Zügel einsetzen (ein bei Anfängern häufig auftretender Fehler), wird das Pferd sehr wahrscheinlich den Hals anspannen und den Kopf hochreißen. Dabei drückt es gleichzeitig den Rücken weg. Sehen Sie sich noch einmal die Fotos auf Seite 51 an. Starkes Zurücklehnen des Reiters veranlaßte das Pferd, den Kopf hochzunehmen und den Rücken wegzudrücken. Auch wenn die Ursache eine andere ist, der Effekt ist in jedem Fall,

daß die Hinterbeine herausgestellt werden. Das Pferd kann die Hinterhand nicht mehr weit unter den Körper schieben, also macht es immer kleinere Tritte und wird langsamer. Wenn Sie eine schnelle Wendung reiten wollen und das Pferd wirft plötzlich den Kopf hoch, werden Sie feststellen, daß es dabei im Tempo nachläßt. Also achten Sie darauf, daß Ihr Pferd in langsam gerittenen Wendungen nicht den Kopf hochreißt, dann erst gehen Sie zu schnelleren Wendungen über.

Sie werden beim Reiten immer wieder feststellen, daß Sie keine Fortschritte machen können, wenn Sie nicht auch kleinste Details beachten, selbst bei einfachen, langsamen Lektionen. Auf höherer Ebene wiegen kleine Fehler viel schwerer. Machen Sie es sich zur Regel, zunächst im Schritt ein Gefühl der Harmonie und Geschmeidigkeit zu entwickeln, bevor Sie das Tempo anziehen.

Wenn Sie in einer Wendung wie der hier gezeigten Ihr Gewicht einsetzen, dürfen Sie nicht im Sattel hin- und herrutschen. Ihre Hüften müssen immer gerade bleiben, wie hier bei dieser Reiterin. In der Disziplin Barrel-Racing werden die schärfsten und schnellsten Wendungen dieses Typs geritten. Die Reiter halten sich oft mit einer Hand am Sattelhorn fest, um zu verhindern, daß sie im Sattel zur Seite rutschen und dadurch das Pferd aus dem Gleichgewicht bringen.

Wendung auf der Stelle

Unter normalen Umständen werden Sie wohl kaum jemals in die Lage kommen, das Pferd auf der Stelle wenden zu müssen. Meist können Sie eine halbe Volte reiten, also eine Wendung aus der Bewegung heraus. Wenn Sie aber im Gelände einem schmalen Pfad folgen, der sich als falsch erweist, dann müssen Sie es.

Unerfahrene Reiter versuchen gewöhnlich, ihr Pferd im Stand genauso zu wenden wie in der Bewegung. Ein Moment des Nachdenkens wird Sie erkennen lassen, daß das gar nicht machbar ist, denn Sie würden das Pferd dazu auffordern, seinen ganzen Körper zu verknoten und seinen eigenen Schweif ins Maul zu nehmen. Das kann ein Pferd nicht.

Denken Sie darüber nach, wie ein Pferd im Stand wendet. Es hat dazu, wie wir schon gesehen haben, mehrere Möglichkeiten. Es kann seine Vorderbeine auf der Stelle treten und die Hinterhand im Bogen herumtreten lassen (Wendung auf der Vorhand). Es kann aber auch mit den Vorderbeinen um die Hinterhand herumwandern (Wendung auf der Hinterhand). Oder aber das Pferd bewegt seine Vorderbeine in die eine, seine Hinterhand aber in die andere Richtung, so daß es um seine Körpermitte dreht. Probieren Sie es mit einer Streichholzschachtel oder einem Modellpferd aus, dann werden Sie die Zusammenhänge erkennen. Pferde sind nicht sehr biegsam.

Die letztgenannte Form der Wendung, das Pferd dreht sich um die Körpermitte, also um den Reiter auf seinem Rücken, ist die praktischste und für Sie am leichtesten zu erlernende. Diese »Mittelhandwendung« ist im bei uns gebräuchlichen Reiten, auf der Grundlage des Dressurreitens aufgebaut, ein schwerer Fehler.

Von oben betrachtet, können Sie erkennen, daß das Pferd, wenn es sich gegen den Uhrzeigersinn drehen soll, Kopf und Schulter nach links, die Hinterhand aber nach rechts bewegen soll. Also treibt die Reiterin mit dem linken Bein hinter dem Gurt, um die Hinterhand des Pferdes nach rechts zu bewegen. Sie fängt mit dieser Hilfe an, weil es für das Pferd einfacher ist, zuerst die Hinterbeine zu bewegen. Sie setzt links den offenen Zügel ein, um den Kopf des Pferdes nach links zu stellen, der rechte Zügel wirkt indirekt und veranlaßt das Pferd, seine Schulter nach links zu bewegen.

Wenn Sie sich nach vorne lehnen, erschwe-

ren Sie dem Pferd die Wendung. Wenn es sich gar nicht bewegt, fordern Sie es so lange mit Ihrem linken Bein auf, bis es endlich reagiert. Bewegt es erst einmal seine Hinterbeine, können auch die Vorderbeine agieren. Als Regel gilt, wenn das Pferd überhaupt keine Reaktion zeigt, reicht Ihre Schenkelhilfe nicht aus.

Wenn Sie diese Form der Wendung reiten, ist es völlig unerheblich, wie das Pferd seine Beine setzt: Hauptsache, es wendet und geht in die andere Richtung, denn das ist es, was Sie wollen. Es gibt keine perfekte Ausführung, wichtig ist, die Wendung ruhig und gleichmäßig auszuführen. Diese Wendung ist keine reine Bewegung und gilt nicht als Lektion, wie die Vorder- und Hinterhandwendung. Diese dienen dazu, exakte und feine Hilfengebung zu entwickeln. Diese Wendungen haben wenig Sinn, wenn Sie sie nicht wirklich exakt ausführen, denn sie sind die Grundlagen für schwerere Lektionen, und Grundlagen müssen hundertprozentig sitzen. Diese Wendung ist einfach nur praktisch, wenn Sie auf engem Raum wenden müssen. Wenn Sie und Ihr Pferd besser werden, üben Sie die beiden anderen.

Wenden Sie im Halten, indem Sie den offenen Zügel und den seitwärtstreibenden Schenkel auf derselben Seite einsetzen. Rührt das Pferd sich nicht, verstärken Sie die Schenkelhilfe, nicht die Zügeleinwirkung.

Die Vorhandwendung

Hier wendet das Pferd um seine Vorderbeine. Dabei drehen sich aber die Vorderhufe nicht, sondern sie treten im gleichen Rhythmus wie die Hinterbeine. Dabei tritt der innere Vorderhuf auf der Stelle, während der äußere einen kleinen Kreis beschreibt.

findlichste Stelle gefunden haben, denn die Nervenenden sitzen bei verschiedenen Pferderassen an unterschiedlichen Stellen. Loben Sie das Pferd, wenn es reagiert, dann versuchen Sie es vom Sattel aus noch einmal. Das Seitwärtstreten der Hinterhand ist eine natürliche Reaktion, die aber schlecht gerittenen Pferden im Laufe der Zeit verlorengeht.

Beachten Sie, daß der innere Zügel hier eine neue Bedeutung erhält. Kopf und Hals des Pferdes werden nicht gebogen; im Gegenteil, die anstehende rechte Hand verhindert das sogar. Man gibt dem Pferd nur eine leichte Stellung nach links, mehr nicht. Doch so eingesetzt, beeinflußt der Zügel auch die Hinterhand des Pferdes. Da es nicht dem Zügel folgen kann, reduziert es den Druck, indem es die Hinterbeine in die andere Richtung bewegt, nämlich nach rechts. Dieser Zügel unterstützt den seitwärtstreibenden Schenkel, er macht es dem Pferd leichter, mit den Hinterbeinen herumzutreten.

Auf einem sehr feinfühligen Pferd können Sie auch nur die Wirkung dieses Zügels allein spüren. Stellen Sie das Pferd vor eine Wand oder einen Zaun. Stellen Sie die rechte Hand ruhig hin; mit der linken Hand geben Sie mehrere halbe Paraden. Treiben Sie leicht mit beiden Beinen am Gurt. Das Pferd geht eventuell rückwärts, wird aber bestimmt mit den Hinterbeinen nach rechts ausweichen.

Denken Sie über die Wirkung dieses Zügels nach. Dann werden Sie es besser verstehen, warum Sie auf dem Zirkel den inneren Zügel immer nur als offenen Zügel einsetzen dürfen. Wenn Sie an ihm ziehen (ein häufiger Fehler), weicht das Pferd mit der Hinterhand nach außen aus. Da Sie aber außen den verwahrenden Schenkel liegen haben, widersprechen sich die Hilfen, das Pferd wird das sofort bemerken und sich widersetzen.

Sie beenden die Vorhandwendung, indem Sie wieder anreiten. Während der Wendung hat das Pferd sein Gewicht vermehrt auf die Vorhand verlagert, so daß es die Hinterhand freier bewegen kann. Energisches Vorwärtsreiten bewirkt ein vermehrtes Untertreten der Hinterhand, der Schwerpunkt verlagert sich wieder weiter nach hinten.

Diese Lektion dient dazu, die Reaktion des Pferdes auf den seitwärtstreibenden Schenkel zu verbessern. Sie gymnastiziert das Pferd auch, denn es muß mit dem inneren Hinterbein vorwärts-seitwärts treten. Die Vorhandwendung erweist sich als sehr nützlich, wenn man ohne abzusitzen durch ein Tor reiten will und dabei das Ende festhält. In diesem Fall ist es auch kein Fehler, wenn Sie sich nach vorne lehnen, denn die Hinterbeine des Pferdes sind aktiv.

Üben Sie die Vorhandwendung vor allem mit Pferden, die nicht auf den seitwärtstreibenden Schenkel reagieren. Falls das Pferd aber immer wieder nur vorwärts geht, vergewissern Sie sich, daß Sie an der richtigen Stelle treiben, nämlich eine Handbreit hinter dem Gurt. Es lohnt sich, abzusteigen und dem Pferd den Finger in die Seite zu pieksen, bis Sie seine emp-

Von oben betrachtet sieht man, wie das Pferd seine Hinterhand nach rechts bewegt. Sein Kopf ist ganz leicht nach links gestellt, der Hals aber ist gerade. Die Reiterin treibt mit dem linken Schenkel energisch hinter dem Gurt. Ihre rechte Hand steht an, sie verhindert, daß das Pferd vorwärtsgeht. Mit der linken Hand gibt sie halbe Paraden, führt sie aber nicht nach außen. Sie setzt also keinen offenen Zügel ein, denn sie will nicht, daß das Pferd den Kopf abwendet.

Die Hinterhandwendung

Bei der Hinterhandwendung bleiben die Hinterbeine des Pferdes auf der Stelle, während die Vorhand seitwärts herumgeführt wird. Zunächst wird diese Wendung aus dem Schritt heraus geritten, später dann auch aus dem Galopp. Der Rhythmus wird während der Wendung beibehalten. Der innere Hinterhuf des Pferdes hebt und senkt sich auf einer Stelle; der äußere Hinterhuf beschreibt einen kleinen Kreisbogen, die Vorderbeine einen großen.

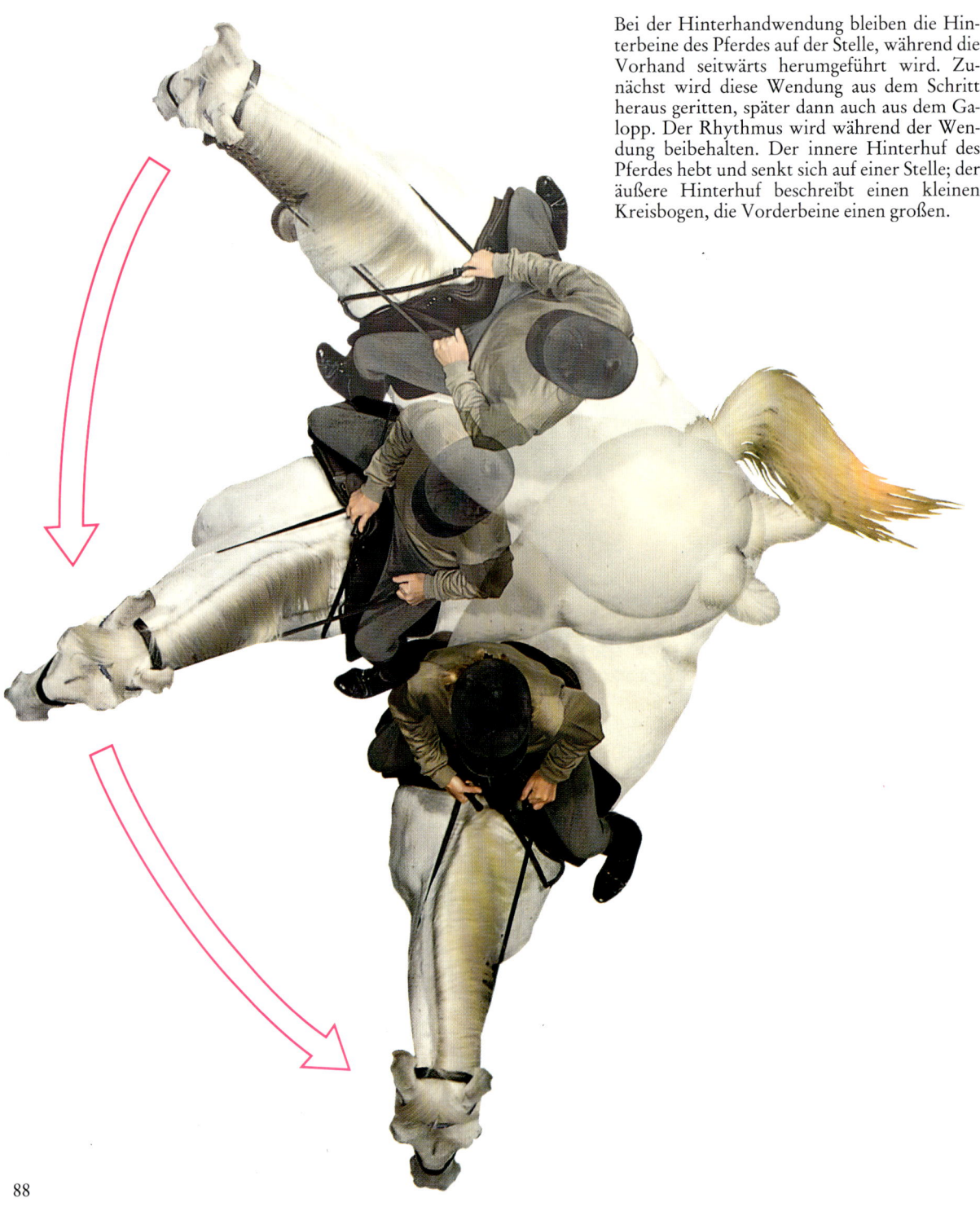

Sie können diese Wendung erst dann reiten, wenn das Pferd es gelernt hat, sich auszubalancieren, also einen großen Teil seines Gewichtes auf die Hinterhand verlagern kann. Und das Pferd muß auf den indirekten Zügel reagieren. Mit dieser Lektion kann man Gleichgewicht, Aktivität und Gehorsam des Pferdes überprüfen.

In der Bildfolge links wendet das Pferd gegen den Uhrzeigersinn. Die Reiterin setzt den leicht offenen Zügel (links) und den indirekten Zügel (rechts) ein, um die Vorhand des Pferdes zu bewegen. Ihre Hände stehen praktisch still, damit das Pferd nicht nach vorne tritt. Sie lehnt sich leicht nach hinten, um den Schwerpunkt des Pferdes etwas zurückzuverlagern. Durch Anspannen des Kreuzes kann sie nun auch erreichen, daß das Pferd mit den Hinterbeinen vermehrt untertritt. Ihre Schultern sind parallel zur Schulter des Pferdes, die Reiterin belastet also ihren linken Gesäßknochen mehr. Sie treibt mit dem rechten Schenkel hinter dem Gurt, damit die Hinterhand des Pferdes nicht ausweicht, der linke Schenkel liegt vorwärtstreibend am Gurt, er hält die Vorhand des Pferdes aktiv. Das ganze Pferd ist leicht in die Richtung der Wendung gebogen.

Die Hinterhandwendung beim Westernreiten heißt Pivot. Das Pferd dreht dabei um den inneren Hinterfuß, die Zügelführung ist einhändig und die Schenkelhilfen sind die gleichen wie bei der europäischen Hinterhandwendung. Beachten Sie, daß die Reiterin keine Gewichtshilfen gibt: Das Pferd soll sich biegen, nicht in die Wendung lehnen.

Dieses ist schon eine fortgeschrittenere Lektion, denn das Pferd muß gut ausbalanciert sein. Wie bei anderen Lektionen bekommen Sie auch hierfür eher ein Gefühl, wenn Sie es zunächst auf einem gut gerittenen Pferd ausprobieren. Gut ausgeführt, vermittelt diese Lektion ein herrliches Gefühl, denn das Pferd trägt auf der Vorhand fast kein Gewicht.

Am einfachsten ist es, wenn Sie im Schritt an einer Wand entlangreiten, genau auf eine Ecke zu. Wenn Sie die Ecke fast erreicht haben, verlangsamen Sie das Tempo, nehmen Ihre Schultern zurück und fordern das Pferd auf, mit der Vorhand herumzugehen, dabei halten Sie mit Kreuz und Schenkeln seine Hinterhand aktiv. Die Wand verhindert ein Ausweichen der Hinterhand.

Zu dieser Lektion können Sie auch gelangen, indem Sie allmählich den Zirkel verkleinern, dabei das Pferd mehr setzen, bis es schließlich

mit den Hinterbeinen nur noch einen sehr kleinen Kreis beschreibt, mit den Vorderbeinen aber aktiv bleibt.

Diese Wendung wird Ihnen nicht gelingen, wenn Sie nicht wissen, wie Sie dem Pferd helfen können, sein Gleichgewicht zu halten. Dazu können Sie bestimmte Übungen reiten, die die Durchlässigkeit des Pferdes erhöhen, Sie finden sie unter dem Kapitel »Das Vierte Prinzip« auf Seite 104.

Die schnelle Hinterhandwendung (Pivot) wird beim Westernreiten häufig gezeigt. Nur wenn das Pferd weiß, wie es auf der Hinterhand herumwirbeln kann, kann es die begeisternden, blitzschnellen Wendungen ausführen.

Rückwärtsrichten

Rückwärtsrichten ist für ein Pferd nicht leicht: Von sich aus macht es das selten, und mit Ihrem Gewicht auf seinem Rücken fällt es ihm noch schwerer. Viele Pferde werden durch starkes Ziehen am Zügel gezwungen, rückwärtszugehen, dabei werden ihnen in Maul und Rücken Schmerzen zugefügt. Solche Pferde haben eine Abneigung gegen das Rückwärtsrichten, gerade ihnen muß man diese Lektion sehr leichtmachen.

Dazu muß das Pferd die Hinterbeine gut unter dem Körper haben. Es kann nicht rückwärts gehen, wenn es die Hinterbeine nach hinten herausgestellt hat. Viele Reiter wissen nicht, wie sie ihre Beine beim Halten einsetzen sollen, daher klappt das Durchparieren nicht, und danach können die Pferde eben nicht rückwärtsrichten. Das Pferd muß beim Halten zusammengestellt sein. Sie müssen das Pferd auffordern, seinen Hals vermehrt zu wölben, dadurch hebt sich der Rücken, und das Pferd kann rückwärts gehen. Ziehen Sie am Zügel,

spannt das Pferd den Hals an und hebt den Kopf, also seien Sie ganz behutsam.

Solange das Pferd den Kopf nicht in der richtigen Position hat, versuchen Sie das Rückwärtsrichten erst gar nicht. Hat das Pferd Hals und Kopf angehoben, die Nase womöglich noch in die Luft gestreckt, drückt es den Rücken weg. Das können Sie fühlen. Dann kann es seine Hinterbeine nicht tief untersetzen: Sie sind nach hinten herausgestellt. Entweder weigert es sich dann, rückwärtszugehen, oder es könnte einen Rückenschaden erleiden.

Gibt das Pferd bei Ihren halben Paraden nicht im Genick nach sondern macht sich fest, gehen Sie zur Bodenarbeit über; nehmen Sie beide Zügel hinter seinem Unterkiefer in eine Hand, die andere legen Sie auf seine Nase. Geben Sie jetzt halbe Paraden, und drücken Sie gleichzeitig leicht auf seine Nase, bis es nachgibt. Loben Sie das Pferd. Wiederholen Sie diese Übung, bis das Pferd schon bei den halben Paraden nachgibt. Falls es das dann auch

Gibt das Pferd im Genick nach, lassen Sie die Hände stehen und treiben mit beiden Beinen. Das Pferd wird aufgefordert, seine Hinterbeine zu benutzen, darf aber nicht vorwärtsgehen. Logischerweise muß es nun rückwärtsgehen. Nach drei oder vier Tritten reiten Sie wieder vorwärts, indem Sie treiben und mit den Händen nachgeben.

macht, wenn Sie auf seinem Rücken sitzen, könnte das Rückwärtsrichten gelingen.

Wenn es sich nun immer noch weigert, rückwärtszurichten, versuchen Sie es vom Boden aus, indem Sie die Nase des Pferdes zur Brust hin drücken, oder an seiner Brust selbst drücken. Sie können auch mit einer Gerte auf seine Vorderbeine weisen, und dabei die Zügel hinter seinem Maul festhalten. Bringen Sie dem Pferd bei, auf das Kommando »Zurück« rückwärtszugehen, auf dem Pferd kombinieren Sie dann das Kommando mit den Hilfen. Hat sich ein Pferd beim Rückwärtsrichten mal erschreckt oder wehgetan, brauchen Sie viel Geduld, um ihm die Furcht wieder zu nehmen. Ständiges Kämpfen wird die Furcht des Pferdes, und damit auch seine Verspannung, verstärken.

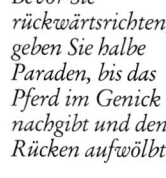

Bevor Sie rückwärtsrichten, geben Sie halbe Paraden, bis das Pferd im Genick nachgibt und den Rücken aufwölbt.

Praktische Übungen: Arbeit in der Reitbahn

Fangen Sie das Reiten mit Zügeln bereits an der Longe an, oder wenn Sie geführt werden, bis Sie fühlen können, wie sich Ihre Hände mit dem Pferdemaul bewegen. Wichtig ist dabei, die Zügel auf der richtigen Länge zu halten. Stimmt die Länge, dann können Sie das Maul des Pferdes fühlen, wenn Sie halbe Paraden geben oder die Hand stehenlassen. Sie brauchen keine strammen Zügel oder zwei Zentner Gewicht am anderen Ende. Genau wie ein Hund an loser Leine bei Fuß geht und sich mit Ihnen dreht und wendet, so kann das Pferd die Bewegungen Ihrer Hand über den Zügel spüren. Wenn Sie mit harter Hand reiten, stumpft das Pferd im Maul ab und spürt die Veränderungen immer weniger. Also seien Sie leicht in der Hand, Ihre Schultern und Handgelenke müssen immer locker und entspannt sein.

Reiten Sie an der Longe, bis Sie sicher sind, daß Sie das Pferd anhalten können. Probieren Sie den offenen Zügel und den seitwärtstreibenden Schenkel im Stand aus. Finden Sie heraus, worauf das Pferd am besten reagiert.

Wenn Sie anfangen, ohne Longe zu reiten, bleiben Sie zunächst in einer Reitbahn, d.h. auf einem eingezäunten Gelände. Der Untergrund sollte möglichst eben sein. Die Standardmaße einer Reitbahn sind 20m x 40m, aber ein kleineres Viereck erfüllt seinen Zweck ebenso gut. Entscheidend ist, daß die Reitbahn eingezäunt ist, denn dann ist das Pferd ruhiger und konzentrierter bei der Arbeit.

Es ist auch wichtig, daß Sie zum Reiten nicht die Weide benutzen, auf der das Pferd sonst frei läuft. Für das Pferd ist die Weide voller besonderer Stellen, Ruheplätze, Wälzstellen und Orte, wo Sie ihn füttern oder freilassen. Seine Gefühle werden das Pferd ablenken. Zum Beispiel könnte es ständig zum Tor hin eiliger werden. Wenn Sie nur eine Weide haben, dann grenzen Sie eine Ecke als Reitbahn aus.

Zunächst brauchen Sie sich nur um die Gangarten und das Tempo zu kümmern, dabei wechseln Sie mit der Wendung aus der Bewegung die Hand. Versuchen Sie zu spüren, wie Ihre Hilfen auf das Pferd wirken. Wenn das Pferd nun nicht das macht, wofür Sie glauben, die entsprechenden Hilfen gegeben zu haben, ist die Wahrscheinlichkeit, daß Sie etwas falsch gemacht haben, sehr groß.

Reiten Sie immer etwas mehr vorwärts als Ihr Pferd normalerweise anbietet, dann hat es das Gefühl, es soll irgendwohin gehen und nicht nur einfach in der Gegend herumlatschen. Das Vorwärtsreiten verbessert seine Balance. Je besser Sie beide werden, desto feiner sollten Ihre Hilfen werden; verfallen Sie nicht in die Gewohnheit, nur starke Hilfen zu geben, nur weil es am Anfang nicht anders ging, als Ihre Hilfen noch unkoordiniert waren und das Pferd sein Gleichgewicht noch nicht gefunden hatte. Achten Sie immer wieder darauf, daß Sie sich nicht nach vorne lehnen oder daß Ihre Schenkel nicht zu weit vor den Gurt rutschen.

In der Reitbahn fängt man damit an, das Pferd durch flotten Schritt und Trab zu lösen. Endloses Zirkelreiten gibt aber weder Ihnen etwas noch dem Pferd. Reiten Sie die rechts dargestellten Hufschlagfiguren, oder lassen Sie sich selbst welche einfallen (s. auch Seite 102). Reiten Sie deutliche Übergänge und versuchen Sie, das Halten zu verbessern. Ihr Pferd und Sie profitieren am meisten von den Richtungs-, Tempo- und Gangartwechseln.

Beim Angaloppieren müssen Sie dem Pferd mitteilen, mit welchem Bein es führen soll. Auf dem Zirkel führt es normalerweise mit dem inneren Bein, um das Pferd jetzt, sagen wir mal, links anzugaloppieren, kombinieren Sie die Galopphilfen (Seite 76) mit denen, die das Pferd nach links gehen lassen. Sie setzen also links den offenen Zügel ein, Ihr rechter Schenkel liegt hinter dem Gurt (ein kurzer Druck wirkt am besten), gleichzeitig spannen Sie das Kreuz an und lassen kurz die Hände stehen. Am einfachsten geht das Angaloppieren in einer Ecke. Galoppiert das Pferd immer nur auf einer Hand, ist es auf einer Seite steif. Reiten Sie dann im Trab vermehrt auf dem Zirkel, und biegen Sie das Pferd um den Schenkel, den es nicht mag. Allmählich wird es geschmeidiger werden, achten Sie aber darauf, daß es sich auch wirklich biegt (s. S. 108).

Wenn Sie im Galopp eine Acht reiten, müssen Sie dort, wo sich die Linien kreuzen, die Hand wechseln. Parieren Sie kurz zum Trab durch, dann galoppieren Sie neu an.

Beschließen Sie die Arbeit in der Bahn, indem Sie das Pferd am langen Zügel ganz entspannt herumgehen lassen, während Sie es überschwenglich loben.

1.

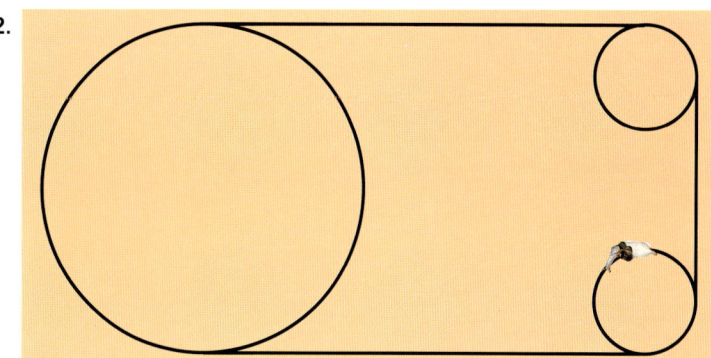

2.

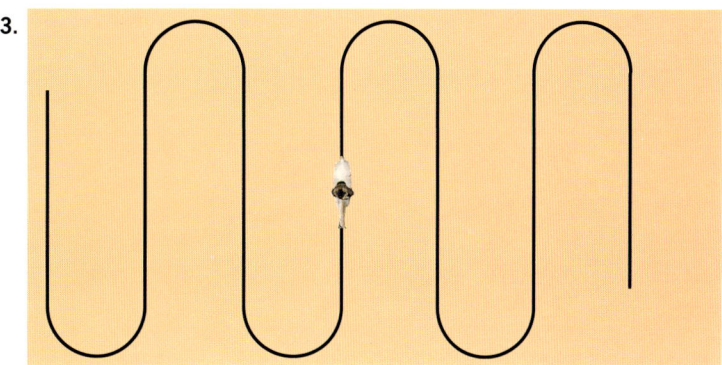

3.

1. Reiten Sie die Bögen der Acht wirklich rund, das Pferd sollte dabei mit seinem ganzen Körper auf die Zirkellinie eingestellt sein.

2. Zirkel und Volten (6 – 10 m Durchmesser) lösen das Pferd und machen es geschmeidig. Volten werden im langsamen, ausgesessenen Trab geritten.

3. Schlangenlinien durch die ganze Bahn. Alle diese Hufschlagfiguren sollten in einem gleichmäßigen Rhythmus geritten werden.

Ausreiten

Bei den ersten Ausritten werden Sie vermutlich feststellen, daß Ihr Pferd sich ganz anders verhält als sonst. Es ist aufmerksamer. Es ist lebhafter und bewegt sich freier. Manchmal nimmt es seine Umgebung aufmerksamer wahr als Sie. Ab und zu erschreckt es sich vielleicht. Vielleicht hat es auch ganz bestimmte Vorstellungen darüber, wo es gehen soll und wie schnell. Wenn es aber nicht gerade sehr grob und wenig einfühlsam geritten worden ist, wird es den Ausritt genießen und Ihnen viel von seinem wahren Charakter zeigen.

Am Anfang ist es sicherer, wenn Sie nicht alleine reiten. Pferde gehen gerne in Gesellschaft und machen einander auch oft nach. Hat ein Pferd Vertrauen zu seinem Reiter, sieht ein zweites auch keinen Grund mehr, sich zu fürchten. Trotzdem sollten Sie sich bemühen, daß das Pferd Vertrauen zu Ihnen aufbaut. Es hat gelernt, Sie als Leittier anzusehen, Sie müssen also auch versuchen, die charakteristischen Eigenschaften eines Leittieres zu zeigen. Seien Sie ruhig und bestimmt; lassen Sie keinesfalls zu, daß das Pferd das Kommando übernimmt. Wenn es den Gehorsam verweigert, werden Sie nicht böse, sondern sie bleiben ruhig und fordern das Pferd immer wieder auf, bis es macht, was Sie wollen. Geben Sie nicht eine Sekunde nach. Es wird schnell lernen, Sie zu respektieren. Werden Sie nicht grob, aber bleiben Sie hartnäckig.

Nervosität des Reiters überträgt sich schnell auf das Pferd. Es spürt, der Reiter habe etwas ganz Fürchterliches gesehen, und es wäre besser, diesen Ort so schnell wie möglich zu verlassen. Wenn Sie merken, daß das Pferd nervös wird, beruhigen Sie es und kraulen ihm den Hals. Bei Furcht spannen Pferde Hals und Maul an, die Zügel haben da wenig Wirkung. Das Kraulen des Halses nimmt die Spannung weg. Sieht es etwas, was ihm Angst macht, lassen Sie es ruhig hinsehen, versuchen Sie aber, völlig entspannt und lustig zu sein, ja, lachen Sie sogar über seine Dummheit. Das Pferd wird spüren, daß Sie sich nicht ängstigen, und seine Furcht wird sich legen. Wenn Sie allerdings tatsächlich Angst haben und meinen, Sie können das nicht überspielen, ist es wahrscheinlich besser, Sie steigen ab und führen das Pferd eine Weile. Es ist ganz gut, an seine eigenen Grenzen zu stoßen, aber es ist nicht ratsam, ein Pferd zu reiten, das Ihnen Angst macht. Es führt dazu, daß Sie schlecht reiten und kann in einer Katastrophe enden. Wechseln Sie das Pferd, oder reiten Sie es nur dort,

wo Sie sich sicher fühlen, bis Sie mehr Vertrauen aufgebaut haben.

Wenn die Zusammenarbeit zwischen Ihnen und Ihrem Pferd immer besser klappt, werden Sie ehrgeiziger. Reiten Sie nicht immer die gleichen Wege; verlassen Sie hier und dort die Pfade, reiten Sie eine Böschung hinauf oder um Bäume herum, so bleibt das Pferd interessiert und aufmerksam. Pferde können sich langweilen. Je mehr Situationen Sie meistern, desto besser wird Ihre Partnerschaft.

»Arbeiten« können Sie ein Pferd beim Ausreiten genauso gut wie in der Reitbahn, Ausreiten ist also keinesfalls nur Faulenzen. Lassen Sie Ihr Pferd nicht verträumt durch die Landschaft zuckeln. Treiben Sie immer ein wenig nach, bei leichter Zügelführung, das schult sein Gleichgewicht. Das wird ihm am Anfang vielleicht schwerfallen, doch wenn sich seine Muskulatur entsprechend entwickelt hat, wird es zur Gewohnheit. Machen Sie im Gelände nicht zu häufig an bestimmten Stellen die gleichen Sachen, das Pferd könnte zu der Überzeugung gelangen, daß das dann immer so sein muß. Beherzigen Sie diesen Rat vor allem beim Galoppieren, wenn Sie immer die gleichen Wege im Galopp reiten, wird der Tag kommen, an dem Sie feststellen müssen, daß Sie gar nichts anderes mehr dort reiten können.

Reiten Sie möglichst wenig auf Straßen. Pferde und Straßenverkehr passen nicht gut zusammen. Selbst wenn Sie dem Pferd vertrauen können, trifft das längst nicht auf jeden Autofahrer zu. Wenn Sie eine Straße benutzen müssen, reiten Sie ruhig, niemals schneller als in einem langsamen Trab. Sind Sie zu zweit, reiten Sie nebeneinander, wobei das ruhigere Pferd direkt neben dem Verkehr geht. Geben Sie Handsignale wie die Autofahrer, und scheuen Sie sich nicht, die Autofahrer aufzufordern, langsamer zu fahren. Lassen Sie an Kreuzungen besondere Vorsicht walten. Geben Sie Obacht, wenn Sie Grasstreifen neben einer Straße benutzen: Dort liegen häufig zerbrochene Flaschen oder anderer Unrat. Gefährlich ist es, auf diesen Grasstreifen zu galoppieren, das Pferd könnte direkt vor einem Auto zur Seite springen.

Ein Pferd wird beim Ausreiten niemals glücklich sein oder sich frei bewegen, wenn Sie ihm ständig im Maul hängen. Arbeiten Sie so viel wie möglich mit Ihrem Kreuz, Ihrem Gewicht und Ihren Beinen.

Der Schub des Pferdes kommt aus der Hinterhand

Der Motor des Pferdes sind die gewaltigen Muskelpakete in seiner Hinterhand. Die Muskulatur hier ist viel ausgeprägter als an seiner Schulter. Das erklärt, warum der Schub nach vorne beim Pferd von den Hinterbeinen entwickelt wird, nicht von den Vorderbeinen.

Wenn ein Pferd dahintrottet, das Gewicht auf der Vorhand, setzt es seine Kraft in unrationeller Weise ein. Stellen Sie sich vor, Sie würden eine Planke vor sich herschieben, die mit der vorderen Kante den Boden berührt. Sie verschwenden die Hälfte Ihrer Energie. Will das Pferd aber sein Tempo oder seine Richtung schlagartig ändern, verändert sich seine Haltung. Es verlagert sein Gewicht auf die Hinterhand, senkt die Kruppe und schiebt die Hinterbeine weit unter den Körper. Sie machen das gleiche, wenn Sie Ihre Planke hochnehmen und auf der Schulter tragen. Kraft wird so sehr viel rationeller eingesetzt.

Beobachten Sie Pferde beim Herumtoben, und Sie werden feststellen, daß sie immer, wenn sie ihre ganze Kraft einsetzen wollen, ihren Schwerpunkt nach hinten verlagern und die Hinterbeine weit unter den Körper schieben.

Ein Pferd, das wirklich seine Kraft optimal zur Entfaltung bringen will, verlagert immer sein Gewicht nach hinten und tritt mit der Hinterhand weit unter seinen eigenen Schwerpunkt. Doch achten Sie auch darauf, welche Veränderungen an den anderen Körperteilen sichtbar werden. Wenn das Pferd die Kruppe senkt, verkürzt es den Rücken, indem es ihn

Das Pferd unten verlagert seinen Schwerpunkt nach hinten, indem es den Rücken wölbt und die Hinterbeine weit unter den Körper schiebt. Dann kann es sich kraftvoll abdrücken.

Für diese herrlich athletische Seitwärtsbewegung senkt das Pferd die Kruppe und tritt mit den Hinterbeinen weit unter.

Für eine Wendung im Galopp trägt zunächst die Vorhand des Pferdes das Gewicht, so daß es die Hinterbeine weit nach vorne bringen kann. Es setzt die Hinterbeine unterhalb seiner Körpermitte auf, verlagert sein Gewicht darauf und wirft die Vorhand herum. Einen Sekundenbruchteil später befindet sich das Pferd schon wieder im gestreckten Galopp.

Wiederholen Sie den Versuch, während Sie ein Hohlkreuz machen. Sie können Ihre Knie beim besten Willen nicht nach vorne bringen, dazu müssen Sie den Rücken wölben.

Durch das Abknicken im Genick nimmt das Pferd noch mehr Gewicht von seiner Vorhand, ein vorgestreckter Kopf verlagert den Schwerpunkt mehr nach vorne. Doch denken Sie daran, daß das zwei voneinander unabhängige, verschiedene Bewegungsabläufe sind. Das Wölben des Rückens und das Abknicken im Genick müssen also nicht unbedingt immer zusammen auftreten. In den Trabverstärkungen z. B. wölbt das Pferd zwar den Rücken und tritt vermehrt unter (s. Seite 72), dehnt aber Kopf und Hals nach vorne. Im Gegensatz dazu kann es aber auch den Hals wölben und durchs Genick treten, dabei aber den Rücken wegdrücken und die Hinterbeine nach hinten herausstellen. Viele Araber neigen dazu. Wenn ein Pferd den Rücken wölbt und durchs Genick tritt, verlagert es seinen Schwerpunkt, um seine Kraft optimal entfalten zu können. Wann immer ein Pferd schnelle Manöver ausführen will, handelt es von Natur aus so.

aufwölbt. Es wölbt den Hals und tritt dabei vermehrt durchs Genick.

Versuchen Sie es einfach mal selbst, knien Sie sich hin und stützen Sie die Hände auf. Bewegen Sie jetzt Ihre Knie in Richtung Hände. Während Ihre Hüften sich dem Boden nähern, wölbt sich Ihr Rücken. So fällt es Ihnen viel leichter, die Hände vom Boden zu heben. Wie ein Pferd, das seine Hinterbeine weit unter den Körper schiebt, können Sie jetzt mehr Gewicht mit Ihren Knien aufnehmen und sich besser ausbalancieren.

97

Verlagerung des Schwerpunktes

Voraussetzung für das Reiten von Dressurlektionen höherer Schwierigkeitsgrade ist, daß die Kraft des Pferdes, also das, was es in die Reitpartnerschaft einbringt, voll zum Einsatz kommt. Das heißt aber nicht, daß der Reiter das Pferd nur ausbeutet: Sie müssen Ihren Teil dazu beitragen und Ihre Geduld, Ihr Verständnis und Ihre Intelligenz mit einbringen. Sie haben schon gesehen, daß ein Pferd, wann immer es seine Kraft und Lebensfreude voll zum Ausdruck bringen will, seinen Schwerpunkt nach hinten verlagert und sich in einer ganz bestimmten Art und Weise trägt. Dabei verkürzt es seinen Rücken, die Kruppe kommt tiefer und es trägt einen großen Teil seines Gewichtes mit der Hinterhand. Sie können das Pferd auffordern, diese Haltung einzunehmen, nicht nur für einen kurzen Moment, sondern auch für längere Zeit. Das Pferd ist dann in der Lage, wann immer Sie wollen, Schub aus der Hinterhand zu entwickeln. Sie können das Pferd praktisch zu jeder Bewegung veranlassen, als sei es ein Teil Ihres eigenen Körpers. Ein solches Pferd zu reiten, das ist eine wahre Wonne. Sie scheinen zusammen zu tanzen.

Wenn Sie ein Pferd richtig versammeln, reagiert es viel feinfühliger auf Ihre Hilfen, denn es nimmt eine Körperhaltung an, die es ihm erheblich vereinfacht, sofort zu reagieren. Man kann jedes Pferd in Haltung reiten, allerdings sind einige dafür talentierter als andere. Einige können niemals in die höheren Dressurklassen vorstoßen, weil ihnen die körperlichen Voraussetzungen dazu fehlen. Ein Pferd mit schwachen Sprunggelenken oder schlecht gewinkelter Hinterhand könnte niemals das zeigen, was dieses Pferd hier (ein Lusitano) demonstriert. Doch sehr viele Pferde wirken plump und schwerfällig, weil niemand ihnen jemals gezeigt hat, wie sie ihren Körper bewegen können. Ein schwerer Cob tendiert z.B. von Natur aus dazu, auf der Vorhand zu gehen. Da diese Pferderasse aber über kräftige Sprunggelenke und eine gute Winkelung verfügt, werden sie auch den Anforderungen der höheren Dressur gerecht. Bringt man ihm bei, sich selbst zu tragen, ist das Gefühl auf ihm ein ganz anderes, und auch das Pferd wird sich so leicht fühlen wie ein Tanzpartner. Dabei werden Sie dann feststellen, daß das Pferd sich plötzlich wohler fühlt und das genauso genießt wie Sie: Es wird lebhafter und alberner.

Würden Sie auf einem Pferd eine *Passage* reiten, wären Sie erstaunt über das Gefühl von geballter Kraft und Energie unter dem Sattel.

Das Pferd oben trabt ganz normal. Sein Rücken ist lang, Hals und Kopf hat es nach vorne gestreckt. Es geht auf der Vorhand. Beachten Sie, daß der Hinterhuf nicht sehr *weit unter den Körper tritt. Das Pferd schiebt nur so viel von hinten, wie eben nötig. In dieser Haltung sind Richtungs- oder Gangartenwechsel schwierig, das Pferd* *würde schwerfällig wirken. Oder es müßte sich erst versammeln, bevor es die Anweisung des Reiters befolgen könnte. Geht ein Pferd immer so, laufen sich die Hufeisen der Vorderhufe schneller ab als die der Hinterhufe, denn die Vorhand des Pferdes trägt mehr Gewicht.*

Doch sehen Sie, wie ruhig es ist. Wenn dem nicht so wäre, könnte die explosive Kraft, die es aufgebaut hat, unangenehm werden, ja sogar gefährlich. Der Reiter fordert viel Einsatz von seinem Pferd. Aber er agiert dabei so ruhig, geduldig und feinfühlig, daß das Pferd nicht widerspenstig oder ärgerlich wird. Zu diesen Leistungen können Sie ein Pferd nicht zwingen. Je mehr Sie von einem Pferd fordern, desto mehr müssen Sie selber dazu beitragen und ihm helfen.

Unten hat der Reiter das Pferd mehr gesetzt, die Hinterhand ist aktiver, sie kann mehr Gewicht tragen. Dazu gibt der Reiter verstärkte Kreuz- und Schenkelhilfen. Um zu verhindern, daß das Pferd schneller wird, läßt er die Hände stehen, statt dem Pferd mehr Zügel zu geben. Das Pferd tritt vermehrt durchs Genick, sein Schwerpunkt verlagert sich nach hinten. Beachten Sie, daß der Reiter nicht an den Zügeln zieht oder sich hineinhängt. Er stellt die Hände einfach hin und verhindert so, daß das Pferd seine Tritte verlängert. Das verlangt eine sehr leichte Hand. Diese Gangart heißt »versammelter Trab«, weil das Pferd aussieht, als ob es sich zusammengeschoben hätte. Seine Tritte werden kürzer und höher. Geht ein Pferd immer so in Aufrichtung, laufen sich die Hufeisen der Hinterhufe schneller ab als die der Vorderhufe.

Oben hat der Reiter die Hinterhand seines Pferdes noch mehr aktiviert, den Schwerpunkt noch weiter nach hinten verlagert. Das Pferd darf aber immer noch nicht schneller gehen: Im Gegenteil, es geht sogar langsamer, doch wegen der aufgebauten Spannung hebt es die Beine höher. Die elegante, erhabene Gangart ist die Passage. Beachten Sie, daß der Reiter das Gewicht des Pferdes nicht mit Gewalt nach hinten zwingt, sondern lediglich durch Anspannen des Kreuzes das Pferd auffordert, seinen Rücken zu wölben. Der in das Foto hineinkopierte Umriß der Abbildung ganz links zeigt, daß der Rücken des Pferdes jetzt erheblich kürzer geworden ist; es hat die Kruppe gesenkt; und es winkelt seine Beine in den Gelenken mehr ab.

Die Kraft spüren

Es ist für Sie natürlich extrem schwierig zu wissen, wann Sie dem Pferd geholfen haben, sich so zu versammeln, daß es seine ganze Kraft einsetzen kann, wenn Sie gar nicht wissen, wie sich das anfühlt. Der mit Sicherheit beste Weg dahin ist, ein in Klasse M oder S ausgebildetes Pferd zu reiten, das seine Arbeit kennt.

Wenn Sie die Möglichkeit dazu haben, ergreifen Sie sie. Wenn Sie im Gleichgewicht sitzen, die Beine ruhig und entspannt halten können und leicht in der Hand sind, haben Sie von einem solchen Pferd nichts zu befürchten. Es wird wesentlich feinfühliger als andere Pferde sein. Ein nicht ausbalancierter, grober und gefühlloser Reiter wird es aufregen. Ordentlich geritten kann es Ihnen innerhalb von nur fünf Minuten das unbeschreibliche Gefühl vermitteln, auf geballter, aber dennoch ruhiger und kontrollierbarer Kraft zu sitzen. Haben Sie das einmal gespürt, werden Sie kaum jemals wieder zufrieden sein, wenn Sie nicht dieses Gefühl spüren.

Reiten Sie das Pferd zunächst ganz entspannt. Allmählich nehmen Sie leicht die Schultern zurück, damit Sie besser mit dem Kreuz treiben können. Setzen Sie jetzt leichte Schenkelhilfen ein (vorsichtig). Das Pferd wird den Kopf heben und energischer vorwärtsgehen. Verkürzen Sie die Zügel, bis sie wieder anstehen, dann verhindern Sie ein vermehrtes Vorwärtsgehen des Pferdes durch Stehenlassen der Hand, wobei Sie etwas mit den Zügeln spielen (halbe Paraden). Sie werden spüren, wie das Pferd seinen Schwerpunkt verlagert, wie das Pferd auf den Fotos der vorangegangenen beiden Seiten, aber Sie müssen mit Kreuz und Schenkeln »dranbleiben«. Haben Sie die richtige Hilfenabstimmung gefunden, haben Sie plötzlich das Gefühl, zweimal so viel Pferd unter sich zu haben. Seine Tritte werden erhabener; sein Rücken wölbt sich; Sie merken, wie das Pferd auf die kleinste Aufforderung reagiert.

Wenn sich Ihnen eine solche Möglichkeit nicht bietet, versuchen Sie zu entdecken, wann es sich von Natur aus versammelt. Wie Sie bereits gelesen haben, können Sie es beim Herumtoben auf der Weide beobachten. Vielleicht hat es sich aber auch schon versammelt, während Sie auf seinem Rücken saßen, ob Sie Ihr Pferd nun dazu aufgefordert hatten oder nicht.

Als erstes müssen Sie das Gefühl erkennen, das Sie haben, wenn das Pferd seinen Rücken wölbt und mit den Hinterbeinen vermehrt untertritt. Das macht es z.B. wenn es zu einem Rennen startet. Gut Rückwärtsrichten kann ein Pferd auch nur mit gewölbtem Rücken, besonders deutlich kann man es in dem Moment fühlen, da man das Pferd durch Nachgeben der Zügel dazu auffordert, wieder vorwärtszugehen; nur mit gewölbtem Rücken kann ein Pferd aus dem Schritt direkt in einen energischen Trab übergehen; gleiches passiert, sieht das Pferd irgendetwas in einer Hecke und mit erhabenen Tritten daran vorbeigeht; wenn es auf den Hinterbeinen herumwirbelt und flieht, weil ein anderes Pferd ihm gedroht hat und wenn es durch tiefes Wasser trabt. Immer wieder können Sie es spüren, das geht leichter, wenn Sie, wie diese Reiterin, ohne Sattel auf Ihrem Pferd sitzen.

Auch in den Trabverstärkungen wölbt das Pferd den Rücken; Hals, Kopf und Vorderbeine werden allerdings mehr gestreckt, doch die Hinterbeine treten tief unter den Körper. Im starken Trab zeigt das Pferd also vollen Schub aus der Hinterhand, obwohl sein Schwerpunkt relativ weit vorne liegt.

Das hier abgebildete Pferd hat die Kruppe gesenkt, zeigt eine sehr gute Hankenbiegung und tritt weit unter. Die Reiterin läßt den ganzen Schub des Pferdes nach vorne heraus, sie könnte es jetzt durch Kreuzeinwirkung und Durchhalten der Zügel versammeln. Dann würde das Pferd eine *Passage* zeigen, wie das Pferd auf Seite 99.

Sie können ein Pferd nicht zusammenstellen, indem Sie einfach nur am Zügel ziehen. Sie können (und es wird häufig gemacht) so an den Zügeln ziehen, daß das Pferd sich fast in die eigene Brust beißt, und dann stolz erzählen, das wäre »die richtige Haltung«. Auf seine Hinterbeine hat dieses Herunterziehen allerdings überhaupt gar keinen Einfluß. Ganz im Gegenteil, starkes Treiben verbunden mit harter, rückwärtswirkender Hand, ermuntert das Pferd keineswegs dazu, sich zu versammeln: es gestattet ihm nur, weiterhin auf der Vorhand zu gehen, weil Sie netterweise auch noch seinen Kopf für es tragen. Der Sinn dieser Übung, nämlich den Schwerpunkt des Pferdes weiter nach hinten zu verlagern und die Hinterhand mehr untertreten zu lassen, geht völlig verloren.

Wenn Sie erkannt haben, wann Ihr Pferd sich aus freien Stücken versammelt, versuchen Sie, diese Momente zu verlängern: Nehmen Sie die Schultern zurück, damit Sie Ihr Kreuz optimal einsetzen können, treiben Sie mit den Beinen weiter und geben Sie dem Pferd durch halbe Paraden zu verstehen, daß es nicht zulegen soll.

In Wendungen das Pferd versammeln

Wie sollen Sie Ihr Pferd versammeln und seine Kraft optimal zur Entfaltung bringen? Wenn Sie das Gefühl, nach dem Sie streben, schon kennen, dann fordern Sie das Pferd durch Ihre Hilfen einfach auf, sich zu versammeln, Sie bringen seinen Schwerpunkt nach hinten, mit Ihrem Kreuz veranlassen Sie es, seinen Rücken zu wölben, Ihre Beine aktivieren seine Beine und Ihre Hände verhindern sanft, daß es schneller wird. Für Ihr Pferd ist das allerdings Schwerstarbeit, und falls es gar nicht weiß, was Sie von ihm wollen, wird es sich sehr wahrscheinlich widersetzen.

Sie können genauso gut auch damit beginnen, Lektionen zu reiten, die das Pferd erst dann gut ausführen kann, wenn es seine Hinterbeine gut untersetzt und den Schwerpunkt nach hinten verlagert hat. Sie können dazu die Reithalle nutzen, aber auch beim Ausreiten gibt es Momente und Situationen, in denen Sie diese Lektionen üben können. Wenn Sie diese Lektionen systematisch üben, wird Ihr Pferd kraftvoller und fitter werden. Um eine Stunde lang mitzumachen, muß sich die Muskulatur zunächst einmal entsprechend entwickeln: Die Hinterhandbemuskelung muß zunehmen und die Oberlinie des Halses muß sich entwickeln. Nach mehreren Monaten regelmäßigen Trainings wird sich Ihr Pferd äußerlich sehr zu seinem Vorteil verändern.

Wenn Sie Ihr Pferd am lockeren Zügel immer zügig vorwärtsgeritten haben, ist es sehr gut vorbereitet. Seine Hinterbeine setzt es nur dann richtig ein, wenn es frei vorwärtsgeht.

Eine einfache Übung besteht darin, die Hinterhand des Pferdes zu aktivieren und dann schnelle, enge Wendungen zu reiten. Das kann es nur dann, wenn es seinen Schwerpunkt nach hinten verlagert. Bei aktiver Hinterhand fällt dem Pferd das leichter.

Auf dem Foto oben benutzt die Reiterin Straßenkegel, die sie auf einer Wiese verteilt hat. Das Pferd wird mehr an einem Spiel interessiert sein als an harter Arbeit, dieses Interesse allein führt schon dazu, daß es mitmacht.

Zunächst reitet sie außen um die Kegel her-

lagert sich der Schwerpunkt des Pferdes nach hinten und es kann mit den Hinterbeinen untertreten. In dieser Haltung kann die Reiterin ihr Pferd dann plötzlich ganz eng um die Kegel »herumtanzen« lassen. Das Pferd geht keineswegs langsamer, aber man kann sehen, wieviel einfacher ihm diese Übung jetzt fällt. Sie können auch erkennen, daß die Reiterin kaum noch ihre Hände einsetzen muß, um das Pferd zu wenden, denn in dieser Haltung reagiert das Pferd schon auf die kleinste Aufforderung.

Auch beim Ausreiten können Sie dieses üben, sie reiten einfach um Bäume oder Büsche herum. Denken Sie daran, flott zu traben, bevor Sie mit den Wendungen beginnen, und treiben Sie konstant weiter, damit das Pferd mit der Hinterhand aktiv bleibt. Lassen Sie es nicht zu, daß das Pferd sich auf die Zügel legt: Merken Sie, wie es sich auf das Gebiß stützt, geben Sie mehrere halbe Paraden. Dadurch und durch Ihr Gewicht können Sie das Pferd dazu bringen, seinen Schwerpunkt wieder mehr nach hinten zu verlagern.

Wenn Ihr Pferd nur so dahinschleicht, werden Sie zu keinem Ergebnis kommen. Entwickelt das Pferd keinen vollen Schub aus der Hinterhand, kann es damit sein Gewicht nicht aufnehmen und auch nicht beim Durchparieren sofort zum Stehen kommen. Ganz von sich aus wird das Pferd vollen Schub entwickeln, wenn Sie darauf achten, daß es frei vorwärtsgehen kann. Treiben Sie auch beim Ausreiten Ihr Pferd in jeder Gangart vorwärts, es sollte immer das Gefühl haben, ein bestimmtes Ziel anzusteuern, selbst im Schritt. Traben oder galoppieren Sie Hügel hinauf; arbeiten Sie mit dem Pferd auf Wällen; halten Sie es wach; und achten Sie darauf, daß Sie ihm nicht im Maul hängen. Zunächst wird es für Sie sicherlich harte Arbeit sein, doch allmählich wird sich Ihr Pferd daran gewöhnen, immer frei vorwärts zu gehen. Denn nur dann können Sie entdecken, was das Pferd mit seiner Kraft alles machen kann, wenn Sie es versammelt haben.

um, dabei reitet sie das Pferd kräftig mit Kreuz und Schenkeln vorwärts, bis es flott vorwärtsmarschiert. Je aktiver das Pferd ist, desto besser. Dann wendet sie plötzlich ab und reitet in immer neuen Wendungen um die Kegel herum. Dabei setzt sie weiterhin ihre Schenkelhilfen ein, so daß die Hinterhand des Pferdes aktiv bleibt. Wenn die Reiterin scharfe Wendungen versucht, ist es dem Pferd in diesem hohen Tempo fast unmöglich.

Zunächst (rechts) unternimmt sie absichtlich gar nichts, um das Pferd zu versammeln. Wie man sehen kann, ist das Ergebnis sehr unbefriedigend. Auf der Vorhand gehend kann das Pferd von seiner Reiterin gar nicht gewendet werden, es sei denn, sie setzt starke Zügelhilfen ein. Das Pferd widersetzt sich, hebt den Kopf, so daß es den Rücken wegdrückt und kann mit den Hinterbeinen nicht untertreten.

Wenn die Reiterin dem Pferd hilft, nimmt sie die Schultern zurück und kann vermehrt das Kreuz einsetzen, um das Pferd aufzumuntern, seinen Rücken zu wölben. Dadurch ver-

Übergänge

Wechselt ein Pferd von sich aus die Gangart oder stoppt plötzlich, muß es sich ebenfalls versammeln und die Hinterhand weit unter den Körper schieben. Bei schnellen Wechseln setzt es seine Kraft, den Schub von hinten, maximal ein. Diese Situationen können Sie im täglichen Training ausnutzen.

Auf der Bildfolge rechts oben wechselt die Reiterin vom Schritt zum Trab. Das Pferd ist entspannt und braucht zwei, drei Pferdelängen, um den Rücken zu wölben und tiefer unterzutreten. Dann erst kann es antraben, steht dabei aber völlig im Gleichgewicht. Auch das Abstoppen würde ähnlich ablaufen. Die Reiterin wechselt alle sechs bis sieben Tritte die Gangart, nach kurzer Zeit bleibt das Pferd in der Versammlung, weil es ihm dann leichter fällt, die Kommandos umgehend auszuführen.

Damit diese Übung seinen Zweck erfüllt, müssen die Übergänge deutlich geritten werden. Zunächst werden sie schleppend ablaufen, doch schon bald, wenn das Pferd anfängt, sich zu tragen, werden sie markanter. Achten Sie beim Abstoppen vor allem darauf, daß Sie gut mit Kreuz und Schenkeln treiben, damit das Pferd nicht mit weggedrücktem Rücken und herausgestellten Hinterbeinen durchpariert. Wenn Sie aus dem Schritt nicht perfekt zum Halten kommen können, dann sind Sie auch nicht in der Lage, gut vom Trab zum Schritt durchzuparieren; also verbessern Sie zunächst einmal das Halten. Behalten Sie den Kopf des Pferdes im Auge. Hebt das Pferd seinen Kopf beim Durchparieren, wölbt es nicht den Rükken, sondern drückt ihn weg.

Versuchen Sie aber auch zu spüren, was der Rücken des Pferdes unter Ihnen macht. Sie sollten es fühlen, wenn er sich wölbt. Geht das Pferd gut, bleibt der Rücken die ganze Zeit gewölbt und Sie spüren eine gewisse Elastizität, nicht Steifheit. Auch seine Gänge verändern sich. Sie werden weicher und erhabener, als ob das Pferd auf Gummimatten ginge. Haben Sie zu grobe Hilfen gegeben, vor allem mit Ihren Händen, wird das Pferd sich im Rücken festmachen und seine Tritte werden steifer, nicht freier. Setzen Sie es sich zum Ziel, einen Tänzer zu schaffen, keine mechanische Spielzeuguhr.

Baut man diese Übung logisch weiter auf, käme man unweigerlich zu dem Punkt, da man das Pferd bei jedem Schritt die Gangart wechseln lassen würde. Wenn Sie allerdings das Wölben des Rückens schon gespürt haben, dann wissen Sie, daß nicht der Gangartwechsel

das Pferd versammelt, sondern die *Vorbereitung* dafür. Wenn Sie also jetzt das Pferd auffordern, eine Gangart langsamer zu gehen, es aber dann, bevor es das Kommando ausgeführt hat, wieder auffordern, die Gangart beizubehalten, erreichen Sie die gleiche Versammlung.

Diese Übung, die halbe Parade, ist rechts unten dargestellt. Der Reiter treibt das Pferd mit Kreuz und Schenkeln vorwärts; er läßt die Hand stehen, so daß das Pferd nicht schneller werden kann; er nimmt die Schultern zurück, um den Schwerpunkt des Pferdes nach hinten zu verlagern, die Hinterbeine sind gut untergesetzt und aktiv. Auch hier wird nicht an den Zügeln gezogen: Rücken und Beine des Pferdes müssen aktiviert werden.

Versuchen Sie nicht, mit einer einzigen halben Parade zu viel zu erreichen: möglicherweise müssen Sie die Übung mehrmals wiederholen, einfühlsam, um den gewünschten Versammlungsgrad zu erreichen. Wenn Sie nach der halben Parade wieder vorwärtsreiten, geben Sie nicht zu viel mit den Händen nach, damit das Pferd nicht den Hals wieder langmacht und auf der Vorhand geht. Hier ist das Zusammenspiel zwischen Zügel- und Schenkelhilfen

wichtig. Reiten Sie die halbe Parade vor jeder Lektion, die ein gut im Gleichgewicht stehendes Pferd verlangt, z.B. vor jeder Hinterhandwendung.

Eine dritte einfache Übung ist, das Pferd ein paar Tritte rückwärtszurichten und daraus sofort anzutraben. Sie werden mit diesen Übungen mehr erreichen, wenn Sie im klassischen Sitz reiten, den Brustkorb leicht herausgedrückt. Üben Sie diese Bewegung, wenn Sie auf einem Stuhl sitzen: Sie werden fühlen, wie sich dabei Ihre Rückenmuskeln anspannen. Dieses Kreuzanspannen beeinflußt den Rük-

ken des Pferdes; es funktioniert aber nicht, wenn Sie zu weit hinten im Sattel sitzen. Liegt der hintere Teil des Sattels zu tief, legen Sie ein weiches Sattel-Pad darunter.

Das Pferd entzieht sich den Hilfen

Wenn ein Pferd wirklich versammelt ist, reagiert es auf kleinste Bewegungen der Hände, und zwar nur über das Gewicht der fast durchhängenden Zügel: Auf vorangegangenen Fotos konnten Sie das schon sehen. Man könnte die Zügel gegen ein Stück Nähgarn austauschen, denn das Pferd widersetzt sich nicht. Man sagt auch, das Pferd »steht am Gebiß«. Diese Bezeichnung ist nicht ganz glücklich gewählt, denn man könnte meinen, sie bedeutet, man müsse ein Gewicht in der Hand spüren. Und das gerade sollten Sie nicht: Maul und Genick des Pferdes sollten so entspannt sein, daß Sie gar nichts fühlen, obwohl sich Kopf und Hals bewegen. Ganz im Gegenteil, liegt das Pferd auf dem Gebiß, ist sein Schwerpunkt nicht weit hinten, denn das Pferd benutzt das Gebiß, um sich abzustützen. Es entzieht sich der Mühe, sich selbst tragen zu müssen und läßt Sie für sich arbeiten. Steht es am Gebiß, dann braucht es keine Stütze.

Ist ein Pferd stark genug und so weit ausgebildet, daß es sich selbst gut tragen kann, wird es seine neugewonnene Kraft ausleben wollen und lebhafter, alberner werden. Doch, wie bei allen gymnastischen Übungen, steht am Anfang der Schweiß. Sind sein Rücken und seine Hinterbeine noch nicht kräftig genug, kann es sein Gewicht noch gar nicht durch vermehrtes Untertreten in der Versammlung tragen; wenn Ihre Hand zu hart ist, wird das Pferd sich auf das Gebiß legen, oder es versucht, sich allen Hilfen zu entziehen. Nachfolgend wird beschrieben, wie Pferde sich ihrer Aufgabe am häufigsten zu entziehen versuchen.

Rechts sehen Sie ein Pferd, das »hinter der Senkrechten oder hinter dem Zügel« steht. Die Stirnlinie des Pferdes ist hinter der Senkrechten, das Gewicht liegt auf der Vorhand. Wenn ein Pferd so geht, hat man das Gefühl, das Pferd würde versuchen, ein Loch zu graben, aber nicht vorwärtszugehen. Da der Vorwärtsdrang fehlt, haben Sie auch keine Kontrolle mehr, als wenn Sie in einem Boot mit schlaffen Segeln säßen. Dies passiert, wenn die Reiterhand zu hart ist, wenn der Reiter versucht, den Kopf des Pferdes herunterzuziehen. Wenn das Pferd nicht die Kraft hat, sich gegen einen harten Zügel zu wehren, oder im Maul sehr empfindlich ist, wird es sich verkriechen. Beachten Sie, daß das Pferd nicht im Genick abknickt, sondern ein Stück weiter hinten, ungefähr auf der Hälfte des Halses.

Auf dem mittleren Bild sehen Sie, wie Sie diesen Fehler korrigieren müssen: Treiben Sie mit dem Kreuz, damit der Rücken des Pferdes tätig wird, treiben Sie das Pferd mit den Beinen vorwärts, und werden Sie weich mit der Hand. Sobald es schneller geht, hebt es den Kopf. Nach einigen Schritten kontrollieren Sie wieder das Tempo mit halben Paraden, nicht durch steten Zug am Zügel.

Auf dem Bild rechts geht das Pferd »über dem Zügel«. Es hat den Rücken weggedrückt, die Hinterbeine treten nicht unter. Das ist natürlich genau das Gegenteil von dem, was Sie wollen. Durch das Hochnehmen des Kopfes wirkt auch das Gebiß anders: Das Trensengebiß wirkt nicht mehr auf den Laden, sondern im Maulwinkel, dort ist seine Wirkung aber wesentlich geringer (s. S. 148).

Zwei Gründe gibt es für dieses Verhalten. Entweder hat das Pferd ein sehr empfindliches Maul, und das Gebiß, oder die Reiterhand, ist zu hart. Wechseln Sie das Gebiß gegen ein weicheres aus, und reiten Sie mit ganz leichter Hand, häufig hilft das schon. Oder das Pferd hat Probleme mit seinem Rücken oder zu schwache Sprunggelenke, um sich selbst zu tragen, dann kann es den Rücken nicht wölben und aktiver in der Hinterhand werden. Dann muß die Hinterhand des Pferdes durch vermehrtes Reiten von Verstärkungen am langen Zügel gekräftigt werden. Wenn auch zunächst das Gewicht noch auf der Vorhand liegt, wölbt es schon den Rücken, um mit den Hinterbeinen besser untertreten zu können. Ist die Muskulatur gekräftigt, dann können Sie auch das zusätzliche Gewicht aufnehmen, wenn es in Versammlung gehen soll. Bergaufklettern ist ebenfalls hervorragend geeignet, Rücken- und Hinterhandmuskulatur zu kräftigen.

Einige Pferde gehen über dem Zügel, weil Ihre Grundausbildung schlecht war. Ein junges Pferd wird ganz automatisch zunächst einmal Hals und Maul festmachen, wenn es das Gebiß spürt. Ein guter Ausbilder mit einer feinfühligen Hand bringt das Pferd dazu, die Hals- und Maulmuskulatur zu entspannen und abzuknicken, es wölbt den Hals und lockert den Unterkiefer. Ein schlechter Ausbilder verstärkt den Zug am Zügel, bis das Pferd den Kopf hochwirft, um dem Druck auf den Laden zu entgehen. Daraus wird schnell eine Gewohnheit. Trainieren Sie ein solches Pferd mit viel Geduld und leichter Hand um, denken Sie daran, daß jedes Pferd durchs Genick tritt, wenn Sie ihm dafür eine Belohnung geben. Sie brauchen gar keine mechanischen Hilfsmittel: Häufig vermitteln sie ein völlig falsches Bild, denn man kann ein Pferd darauf trainieren, seinen Kopf in der »richtigen« Position zu halten, ohne dabei seinen Schwerpunkt zu verändern oder die Hinterhand zu aktivieren. Sie sollten in der Kopfhaltung des Pferdes nur ein Indiz dafür sehen, daß Ihr Pferd versammelt ist, mehr aber nicht.

Es sollte mittlerweile auch klar geworden sein, daß festes Zuschnüren des Pferdemaules mit Reithalfter oder Pullerriemen sicherlich nicht dazu beiträgt, daß das Pferd seine Kiefer entspannt und das Gebiß annimmt.

Geschmeidigkeit und Stellung: die Volte

Ein anderes, häufig auftretendes Problem entsteht, wenn das Pferd steif ist. Die Rückenmuskulatur muß geschmeidig sein, damit das Pferd mit der Hinterhand aktiv werden kann. Genauso häufig tritt das Problem auf, daß es auf einer Seite steifer ist als auf der anderen. Die meisten Pferde sind links steifer. Das mag z.T. angeboren sein, wir unterstützen das aber noch, indem wir immer von links führen, wobei die rechte Körperseite immer leicht gedehnt und damit geschmeidig gemacht wird. Den linken Hinterfuß kann das Pferd dann problemlos weit nach vorne bringen, nicht aber den rechten. Wenn das Pferd von Ihnen weggeführt wird, können Sie häufig erkennen, wie es seine Hüften nach rechts bewegt, so daß es mit dem rechten Hinterbein gar nicht so weit vortreten muß wie mit dem linken.

Weitere Anzeichen für Steifheiten auf der linken Seite sind: das Pferd kann sich nach links gut biegen, bei Rechtswendungen bringt es die rechte Schulter nach innen, um den Körper gerade zu lassen; es bevorzugt eindeutig den Linksgalopp; wenn es auf gerader Linie Schritt oder Trab geht, fußt der rechte Hinterhuf in Richtung der inneren Kante des Vorderhufes.

Wollen Sie die Kraft des Pferdes weiter aufbauen, müssen Sie diese Steifheiten beseitigen. Eine Möglichkeit, seine Geschmeidigkeit und Längsbiegung zu überprüfen, ist das Reiten von 6-Meter-Zirkeln (Volten).

Das junge Pferd auf dem Foto oben empfindet es als schwierig, sich nach rechts zu biegen. Rechts in der Abbildung ist dargestellt, wie es versucht, den Körper gerade zu halten und mit der Schulter voran auf der gebogenen Linie zu laufen. Will der Reiter durch Ziehen am Zügel den Kopf des Pferdes nach innen holen, dann wehrt sich das Pferd gegen den Zug und stellt sich noch mehr nach außen.

Statt konstant am Zügel zu ziehen, gibt die Reiterin oben wiederholt halbe Paraden. Ganz allmählich bringt sie das Pferd dazu, dem inneren Zügel nachzugeben, statt sich dagegen zu wehren. Die Ursache des Problems liegt aber im Rücken des Pferdes, daher kann die Reiterin das Pferd nur mit Kreuz und Schenkeln in die richtige Haltung treiben. Sie hat den Druck des linken Schenkels hinter dem Gurt erhöht, des rechten am Gurt und sitzt vermehrt auf dem rechten Gesäßknochen, um das Pferd vorwärtszureiten.

Die Reiterin hat auch die linke Hand leicht angehoben, um dem Pferd zu helfen, den Hals fallenzulassen und nach innen zu stellen. Man sieht deutlich, daß, obwohl es logisch erscheint, den rechten Zügel einzusetzen, wenn ein Pferd sich nicht nach rechts biegen will, tatsächlich die anderen Hilfen verstärkt und der rechte Zügel weniger eingesetzt werden müssen, um die gewünschte Biegung zu erreichen.

Wenn Sie erkennen, daß Ihr Pferd nicht geradegerichtet ist, überprüfen Sie zunächst einmal Ihre eigene Haltung, bevor Sie zu dem

Das Pferd ganz links biegt sich korrekt auf der Kreislinie, das Pferd in der Mitte hingegen nicht. Es bleibt in sich gerade und fällt mit der Schulter nach innen. Die linke Körperseite dieses Pferdes ist steif, daher hat es Probleme, sich nach rechts zu biegen.

Rechts sehen Sie wie sich die Wirbelsäule eines Pferdes biegt. Mehr als hier gezeigt geht anatomisch nicht. Wird ein Pferd auf eine Kreislinie eingestellt, gehen Kopf, Hals und Rücken harmonisch ineinander über. Auf dem Foto ist der Hals mehr gebogen, daher kommt es zu dem Knick am Übergang vom Hals zur Schulter.

Schluß kommen, Ihr Pferd sei schief. Überraschend viele Reiter sitzen tatsächlich schief im Sattel, sogar mit ungleich langen Steigbügeln. Der linke Riemen dehnt sich aus, da man von links aufsitzt, es hat also gar keinen Zweck, die Löcher auf beiden Seiten abzuzählen: Nehmen Sie die Steigbügel ab und vergleichen Sie ihre Länge. Achten Sie auch darauf, daß Sie nicht immer auf der gleichen Hand leichttraben.

Es kommt auch vor, daß ein Zügel strammer gehalten wird als der andere, vor allem dann, wenn man Sie gelehrt hat, »Verbindung« zu halten. Viele Anfänger sind auch einfach zu verspannt, um zu erkennen, wie fest sie die Zügel halten, daher ist der Zügel auf der kräftigeren Seite (gewöhnlich der rechten) häufig strammer, was zu einer Abstumpfung des Pferdemaules auf eben dieser Seite führt. Das Pferd legt sich dann einseitig auf den Zügel, dadurch sitzen Sie schief. Gewöhnlich merken Sie das gar nicht, bis Sie ein sensibleres Pferd reiten.

In einer Volte sitzen Sie den Trab natürlich aus, damit Sie gut mit dem Kreuz treiben können. Wenn Sie ganze Bahn reiten, können Sie in jeder Ecke der Reitbahn ein bis zwei Volten anlegen; oder Sie beginnen auf dem Zirkel, verkleinern ihn allmählich und vergrößern ihn wieder. Das Pferd sollte ein flottes, gleichmäßiges Arbeitstempo gehen. Sehr hilfreich ist es, ein Lied zu finden, das im Rhythmus zu Ihrem trabenden Pferd paßt, singen Sie es in den Volten, auch bei anderen Lektionen, Sie merken dann schneller, wenn Ihr Pferd langsamer

wird, weil es die Arbeit zu schwierig findet, oder wenn es Taktfehler macht. Taktfehler treten auf, wenn das Pferd mit seinen Hinterbeinen unterschiedlich weit untertritt. Je mehr es sich anstrengt, desto unegaler wird sein Trab.

Geraderichten und Gymnastizieren des Pferdes wird mehrere Wochen dauern: Gehen Sie das Problem zu energisch an, macht sich das Pferd zunächst noch steifer, denn es wird sich widersetzen. Nutzen Sie auch beim Ausreiten jede Möglichkeit, eine Volte zu reiten. Eine Volte um einen Baum herum zeigt Ihnen deutlich, ob Ihr Pferd die Links- und die Rechtsvolte gleichermaßen beherrscht.

Ist eine Volte perfekt, folgen die Hinterbeine exakt den Spuren der Vorderbeine. Bitten Sie einen Freund, Ihre Volten zu überprüfen. Das Pferd oben links fällt mit der Hinterhand aus.

Longieren

Legen Sie den Zirkel groß an, so um die 20 Meter im Durchmesser. Treiben Sie das Pferd an sich vorbei, versuchen Sie nicht, es zu führen.

Beim Longieren löst sich ein Pferd und man kann seine Rückentätigkeit und Hinterbeinaktivität verbessern.

Es gibt drei Hauptgründe, warum ein Pferd longiert wird: Bewegung, wenn das Pferd zum Reiten zu jung ist, Rückenprobleme hat oder einfach zu undiszipliniert ist; der zweite Grund ist, wenn ein Reiter Sitzübungen macht ohne Zügel; zudem ist das Longieren ein Teil der Erziehung eines Pferdes. Richtiges Longieren ist eine Kunst, weitaus schwieriger als es aussieht. Wenn Sie damit noch kaum Erfah-

rung haben, stecken Sie sich Ihre Ziele nicht zu hoch, Sie könnten sonst mehr Schaden anrichten als Gutes tun. Sie brauchen Geduld und Zeit, Sie müssen loben und belohnen, und darüberhinaus vor allem einen Blick für die Bewegungen des Pferdes haben.

Da die meisten Pferde nach links besser wenden als nach rechts, sollte ein Pferd, dem das Longieren unbekannt ist, zunächst links herum laufen, es begreift schneller, wenn es nicht auch noch mit physischen Schwierigkeiten zu kämpfen hat. Longieren ist harte Arbeit für

das Pferd, am Anfang reichen ein paar Minuten.

Das Pferd trägt einen Kappzaum, die Longe wird an dem Ring auf dem Nasenrücken befestigt. Zusätzlich trägt es eine Trense, zwei Ausbinder laufen von den Gebißringen zum Longiergurt. Haben Sie keinen Longiergurt, können Sie die Ausbinder auch am ersten Gurtstrupfen des Sattels befestigen. Die Ausbinder müssen an einer Stelle elastisch sein, damit das Pferd keinen harten Druck auf dem Unterkiefer verspürt: Wenn notwendig, können Sie

sich einen elastischen Ring aus starkem Gummiband selbermachen. Die Ausbinder werden relativ weit unten am Gurt befestigt und sollten nicht stramm sein: Das Pferd sollte die Ausbinder nur spüren, wenn es sich nach vorwärts-abwärts streckt. Es sollte auf jeden Fall Gamaschen oder Bandagen tragen, für den Fall, daß es sich doch einmal streicht oder tritt.

Kennt das Pferd keine verbalen Kommandos, erwarten Sie nicht, daß es weiß, was Sie ihm sagen, sondern geben Sie die entsprechenden Kommandos, wenn es gerade die Gangart von sich aus einschlägt. Ihre Kommandos sollten so unterschiedlich wie möglich klingen: »Scheeeritt« ist besser als das harte »Schritt«; »Teeerab«; »Brrr« oder »Hooo« sollten langgezogen werden und weich klingen. Wenn Sie die Peitsche senken und ganz still stehen, sich vielleicht sogar kleiner machen, hält das Pferd eventuell von ganz alleine an, nur um zu schauen, was mit Ihnen los ist. Holen Sie die Longe ein, während Sie auf das Pferd zugehen, es sollte nicht zu Ihnen in die Mitte kommen.

Hat das Pferd erst einmal verstanden, was es soll, konzentrieren Sie sich auf seine Bewegungen. Es sollte energisch vorwärtsgehen, mit langen, entspannten Tritten; die Hinterbeine sollten gut untertreten; der Rücken sollte gewölbt sein und der Hals nach vorwärts-abwärts gedehnt, soweit es die Ausbinder zulassen. Sobald das Pferd so geht, loben Sie es

überschwenglich während es weitergeht, dann halten Sie es an, damit es versteht, wonach Sie streben.

Hat das Pferd zunächst Schwierigkeiten, auf der rechten Hand an der Longe zu gehen (im Uhrzeigersinn), erwarten Sie nicht zu viel. Schritt auf einem großen Zirkel bei richtiger Längsbiegung (d.h. die Hinterhufe folgen den Vorderhufen), ist besser als Trab auf einem zu kleinen Zirkel, in dem das Pferd sich der Biegung entzieht, weil es ihm unangenehm ist. Sich selbst können Sie mit Gymnastik quälen, bis es weh tut, Sie wissen, daß es Ihnen letztendlich gut tun wird. Das können Sie aber mit einem Pferd nicht machen. Das Pferd will sich wohl fühlen, und wenn Sie es in eine unbequeme Position zwingen, verspannt es sich und wird unleidlich, zudem können die Verspannungen zu Rückenproblemen führen. Also lassen Sie sich Zeit. Lassen Sie das Pferd leichte Übungen gut machen, und steigern Sie Ihre Anforderungen ganz allmählich. Das Pferd wird alles mögliche ausprobieren, vor allem am Anfang. Achten Sie auf freie, entspannte, beschwingt aussehende, taktreine, schwungvolle Bewegungen, und loben Sie das Pferd dafür.

Das Longieren ermöglicht es dem Ausbilder, das Pferd an den langsamen Galopp zu gewöhnen, auch hier verbergen sich Probleme. Bevor Sie zum Galopp übergehen, muß das Pferd ruhig und entspannt traben und sich dabei an die Ausbinder stellen. Wahrscheinlich rennt es zunächst einmal los, versucht, nach Western-Art in Außenstellung zu wenden. Zieht man den Kopf des Pferdes mit der Longe nach innen, kann es ausrutschen. Falls das Pferd hartnäckig im Außengalopp bleibt, versuchen Sie vorsichtig, ihm mit der Longe eine leichte Innenstellung zu geben, während Sie es weitertreiben.

Stangenarbeit ist eine hervorragende Übung, um das Pferd zu veranlassen, den Hals fallenzulassen und den Rücken zu wölben, falls es nicht von alleine auf die Idee kommt.

Wenn Sie sicher sind, daß das Pferd aktiv in der Hinterhand ist (da werden Wochen vergehen), dann können Sie die Ausbinder verkürzen. Die elastischen Ringe ersetzen in ihrer Wirkung die halben Paraden des Reiters, das Pferd versammelt sich mehr. Wenn Sie zu schnell vorangehen, geht das Pferd hinter oder über dem Gebiß, also seien Sie sehr vorsichtig.

Die Longenführerin steht still und treibt das Pferd auf einer Kreislinie um sich herum. Sie schaut auf die Körpermitte des Pferdes, hinter das Pferd gehalten treibt die Peitsche es vorwärts, auf seine Schulter deutend, verhindert sie, daß es in den Zirkel hereinkommt. Das Pferd links geht gut, es geht energisch vorwärts, hat den Rücken gewölbt und den Kopf abgestreckt. Dadurch wird die Kruppen- und Hinterbeinmuskulatur gekräftigt. Auf dem Foto oben geht das Pferd schlecht, es trägt den Kopf zu hoch und drückt den Rücken weg, die Hinterbeine treten nicht unter.

Geraderichten: Schulterherein

General de l'Hotte, oberster Rittmeister der französischen Kavallerieschule in Saumur, schrieb: »ruhig, vorwärts, geradegerichtet«. Ist ein Pferd nicht ruhig, ist es unaufmerksam. Geht es nicht vorwärts, kann es keinen Schub entwickeln. Ist es nicht geradegerichtet, entwickelt es seinen Schub ungleichmäßig. Schwer zu verstehen ist die Tatsache, daß man ein Pferd geraderichtet, indem man es biegt. Man biegt es, um die steifere Seite geschmeidig zu machen, so daß es dann in der Lage ist, ganz gerade zu gehen, wenn der Reiter es will.

Schulterherein gehört zu einer ganzen Reihe ähnlicher Lektionen, in denen das Pferd in Längsbiegung vorwärtsgeht, so daß die Hinterhufe nicht den Vorderhufen folgen. Sie verbessern die Geschmeidigkeit des Pferdes, doch es muß, um diese Lektionen ausführen zu können, schon gut im Gleichgewicht stehen und ein gewisses Maß an Versammlung zeigen.

Das Pferd auf diesen Seiten geht auf gerader Linie die lange Seite der Reitbahn entlang. Sein Körper ist dabei nach links gestellt, wie in einer Volte, dem Inneren der Reitbahn zugewendet. Mit gesenkter Kruppe führt das Pferd das innere Hinterbein nach vorne unter seinen Körper.

Wie für alle fortgeschrittenen Lektionen gilt auch hier, daß Sie besser ein Gefühl dafür entwickeln, wenn Sie das Schulterherein zunächst auf einem Pferd reiten, das diese Übung beherrscht. Stellen Sie das Pferd in einer Ecke der Reitbahn nach innen, und reiten Sie dann in dieser Stellung weiter geradeaus. Sie werden den Druck mit dem linken Bein verstärken müssen, damit das Pferd weiterhin vorwärtsgeht, und mit dem rechten Bein hinter dem Gurt verwahrend einwirken, damit es mit der Hinterhand nicht an die Abgrenzung bzw.

Bande der Reitbahn stößt. Verlagern Sie Ihr Gewicht leicht auf den inneren Gesäßknochen; achten Sie darauf, daß Sie nicht etwas nach außen rutschen, dann behindern Sie das Pferd.

Wichtig ist die geschmeidige Längsbiegung. In dieser Haltung kreuzen die inneren Beine beim Vorführen die äußeren. Das vorwärtsgerichtete Untertreten der Hinterbeine dehnt die Muskulatur der äußeren Seite und fördert so die Geschmeidigkeit des Pferdes. Der äußere Zügel wirkt indirekt, er bringt die Schulter des Pferdes nach innen.

Ein steifes Pferd, das noch nie Schulterherein gemacht hat, wird versuchen, sich der Übung zu entziehen, indem es zwar Hals und Kopf einwärts dreht, mit dem Körper aber gerade weitergeht. Dann verfehlt die Übung natürlich ihre Wirkung. Die Biegung im Hals sollte sich durch den ganzen Körper fortsetzen, vom Genick bis zum Schweif. Handelt es sich um ein älteres Pferd, wird es vermutlich auf den Zirkel abwenden wollen. Ihr vorwärtstreibender innerer Schenkel signalisiert dem Pferd, daß Sie das nicht wollen. Wenn es sich nun aber hartnäckig weigert, diese Lektion auszuführen, versuchen Sie sie auf einem engen Pfad, wo es gar nicht abwenden kann, ohne nicht irgendwo anzustoßen. Loben Sie das Pferd immer genau dann, wenn es das macht, was Sie wollen, und geben Sie einen Moment die Zügel hin, bevor Sie es noch einmal versuchen.

Ist das Pferd steif, können Sie zunächst nur eine geringe Biegung verlangen, sonst entsteht am Halsansatz ein Knick. Auch wird dem Pferd die Lektion auf einer Seite leichter fallen (vermutlich auf der linken). Arbeiten Sie zunächst auf der besseren Hand, dann fällt es dem Pferd auf der anderen Hand später leich-

fang wird dem Pferd diese Biegung nicht gelingen, es ist Ihre Aufgabe, daraufhin zu arbeiten, indem Sie mit weniger Abstellung beginnen. Dieses Pferd ist so geschmeidig, daß es sogar in einer noch stärkeren Biegung geht. Sinn des Schulterherein-Reitens ist, das Pferd geschmeidiger zu machen, es gibt keine Vorschrift, welcher Grad der Biegung »korrekt« ist; Sie biegen das Pferd so weit es geht, ohne daß die Längsbiegung einen Knick erhält.

Gut ausführen kann das Pferd die Lektion nur, wenn es versammelt geht, Sie sollten eine halbe Parade reiten, bevor Sie mit Schulterherein beginnen.

Hat das Pferd ein paar Tritte gemacht, reiten Sie in der gleichen Stellung nach innen auf einen Zirkel, achten Sie dabei aber darauf, daß das Pferd nicht seinen Schwerpunkt wieder weiter nach vorne verlagert.

ter. Reiten Sie Schulterherein, wenn möglich, in einem langsamen, versammelten Trab.

Ist das Pferd ausreichend geschmeidig, geht es auf drei Hufschlägen. Die Hufabdrücke des inneren Vorderfußes bilden eine gerade Linie. Der innere Hinterhuf und der äußere Vorderhuf fußen auf demselben Hufschlag, näher an der Bande oder Abgrenzung der Reitbahn. Der äußere Hinterfuß geht ganz außen. Am An-

Geschmeidigkeit und Schub: Die Traversale

Es ist sehr unwahrscheinlich, daß Sie die Traversale zur Vollendung bringen können, wenn Sie nicht einen guten Ausbilder haben und ein Dressurpferd, auf dem Sie Erfahrungen sammeln können. Diese Lektionen verlangen und überprüfen einen hohen Grad an Geschmeidigkeit und Versammlung. Viele Reiter schrecken vor diesen Übungen zurück, weil so viel Wert auf die Vorschriften gelegt wird, die für Dressurwettbewerbe gelten. Falls diese Ihr Ziel sind, dann ist es sicherlich ein Fehler, sich an diese Lektionen ohne fachliche Anleitung heranzuwagen, sonst entwickelt Ihr Pferd wahrscheinlich nachlässige Gewohnheiten. Wer aber einfach nur sein Pferd leichttrittiger machen und mehr Spaß am Reiten haben will, der mache weiter. Wenn Sie die Lektionen dann auch nicht hundertprozentig ausführen und von Ihrem Pferd nicht den allerletzten Einsatz fordern, so werden Sie Ihrem Pferd keineswegs Schaden zufügen. Versuchen Sie, die Lektionen zunächst in langsamem Tempo so gut wie möglich zu reiten.

In der Traversale geht das Pferd vorwärts-seitwärts, die Beine überkreuzen sich. Der Körper ist leicht in die Bewegungsrichtung gestellt, diese verläuft in einem 45° Winkel zum Körper des Pferdes. Der Reiter treibt mit dem rechten Bein kräftig hinter dem Gurt, um die Hinterhand des Pferdes seitwärtszutreiben; der linke Schenkel treibt am Gurt, um den Schwung nach vorne aufrechtzuerhalten; er setzt leicht den offenen Zügel ein, der indirekte Zügel führt den Hals und die Schulter des Pferdes seitwärts. Um die Seitwärtsbewegung des Pferdes noch zu unterstützen, belastet der Reiter vermehrt den rechten Gesäßknochen. Doch am wichtigsten ist die Kreuzhilfe, sie veranlaßt, daß das Pferd den Rücken wölbt und gut mit der Hinterhand untertritt.

Eine gelungene Traversale ist eine wahre Wonne: man hat das Gefühl, das Pferd würde nur so dahinfließen. Der Rhythmus des versammelten Trabes wird beibehalten, wie in einem Walzer schwebt das Pferd vorwärts und seitwärts mit hypnotisierender Eleganz.

Auf einem ausgebildeten Pferd vergewissern Sie sich zunächst, daß das Pferd gut ausbalanciert vorwärtsgeht. Durchreiten Sie eine Ecke der Reitbahn, halten Sie eine leichte Stellung in die gleiche Richtung, und reiten Sie diagonal auf das Ende der anderen langen Seite zu. Wenn Sie nicht mit Kreuz und Schenkeln dranbleiben, wird das Pferd unterwegs den Schwung verlieren. Sie erleichtern sich das

Seitwärtstreiben, wenn Sie den Schenkel immer dann einsetzen, kurz bevor das Pferd mit dem äußeren Bein auffußt.

Diese Schenkelhilfe haben Sie schon früher kennengelernt (Seite 62), doch da wurde das Pferd nicht auch noch in die Bewegungsrichtung gestellt. Beginnen Sie auf Ihrem eigenen Pferd mit der Schenkelhilfe. Reagiert es nur sehr zögernd, üben Sie Wendungen auf der Vorhand, um es schenkelgehorsamer zu machen (denken Sie ans Loben). Wenn Sie Ihr Pferd am losen Zügel veranlassen können, seitwärts zu gehen, dann versammeln Sie es wieder durch den Einsatz von Kreuz und innerem Schenkel. Setzen Sie den indirekten Zügel ein, um seine Schulter seitwärts zu führen. Machen Sie sich zunächst keinerlei Gedanken um den

45° Winkel. Konzentrieren Sie sich stattdessen darauf, daß Ihr Pferd in ganz leichter Stellung vorwärtsgeht, dabei sollten die Hinterbeine auf gleicher Höhe mit den Vorderbeinen sein. Hängen sie hinterher, machen Sie zu viel am Zügel und treiben nicht genug mit dem äußeren Bein.

In den Richtlinien für Dressurprüfungen muß die Traversale im Winkel von 45° geritten werden; aber ein Pferd kann natürlich in jedem Winkel seitwärtsgehen. Keine Gründe sprechen dagegen, die Traversale mehr vorwärts oder mehr seitwärts zu reiten. Diese Seitengänge sind eine wunderbar elegante und graziöse Art, dem Verkehr auszuweichen.

Hat das Pferd erst einmal verstanden, was es im Schritt machen soll, wird es sich von sich aus mehr aufnehmen, um das gleiche im Trab zu machen. Das Pferd wird sich dann wunderbar leicht bewegen.

Die Traversale seitwärts

In der klassischen Ausbildung werden die höheren Lektionen zunächst vom Boden aus (»an der Hand«) gelehrt. Statt des Schenkels treibt eine Peitsche das Pferd seitwärts. Diese Arbeit kann nur von wirklich guten Fachleuten gemacht werden.

Beim Travers seitwärts geht das Pferd nur noch zur Seite. Der Körper des Pferdes bleibt gerade oder ist nur ganz leicht in die Bewegungsrichtung gestellt. Die diagonalen Beinpaare werden zusammen bewegt: Geht das Pferd also nach links, macht sein linkes Vorderbein einen weiten Schritt zur Seite, das rechte Hinterbein wird vor dem linken entlanggeführt und unter dem Körper aufgesetzt. Beim nächsten Schritt kreuzt das rechte Vorderbein das linke, und das linke Hinterbein macht einen weiten Schritt zur Seite.

Diese Bewegung ist Teil der klassischen Ausbildung, erweist sie sich doch in einer Schlacht oder beim Stierkampf als sehr nützlich; heute ist sie eher zweckdienlich, wenn man am falschen Ende eines Gatters steht und in vielen Engpässen, die meisten Westernpferde lernen Travers seitwärts. In den modernen Dressurprüfungen wird diese Lektion allerdings nicht mehr verlangt.

Das Pferd muß gut im Gleichgewicht stehen, sonst kann es seine Vorhand nicht seitwärtsbewegen; es muß eine kräftige Hinterhand haben, sonst kann es mit den Hinterbeinen nicht gleichzeitig sein Gewicht aufnehmen und auch noch seitwärts treten und es muß geschmeidig sein, sonst kann es mit seinen Hinterbeinen gar nicht seitwärts unter seinem Bauch auffußen. Fehlen dem Pferd Gleichgewicht und Kraft, wird es irgendwie seitwärtsholpern, ohne dabei die Beine zu überkreuzen. In der klassischen Tradition wird diese Form des Travers aus dem normalen Travers entwickelt, indem allmählich der Winkel vergrößert und die Vorwärtsbewegung verringert werden.

Westernreiter folgen ihrem traditionellen Grundsatz: mach es dem Pferd leicht, das richtige zu tun und schwierig oder unmöglich, das falsche zu tun. Legen Sie eine Hindernisstange parallel zu einem Zaun, ca. eine halbe Pferdelänge davon entfernt, bringen Sie sie dann auf die Höhe seiner Sprunggelenke. Stellen Sie das Pferd mit dem Kopf zum Zaun so auf, daß sich seine Vorderbeine vor, seine Hinterbeine aber hinter der Stange befinden. Fordern Sie nun das Pferd mit dem äußeren Schenkel und dem äußeren Zügel auf, seitwärtszugehen, mit Kreuz und Gewicht sorgen Sie für die nötige Versammlung. Auch wenn das Pferd Ihre Hilfen nicht versteht, es kann eigentlich kaum etwas anderes machen als seitwärtszugehen: Es kann nicht nach vorne treten , und rückwärts über die Stange zu gehen, das ist fast unmöglich.

Allerdings funktioniert diese Methode bei Pferden, die nach Western-Art geritten werden besser als bei denen, die europäisch ausgebildet sind, denn die Westernpferde bewegen die Vorhand seitwärts durch Neck-Reining, und sie wissen, wie sie Schub aus der Hinterhand entwickeln. Aber jedes willige und sensible Pferd, das neue Aufgaben ruhig angeht, wird, mit Ihrer Hilfe, erkennen, daß es in seiner Lage nur eine Lösung gibt und sich in die gewünschte Richtung bewegen.

Bei einer so schwierigen Bewegung müssen Sie daran denken, daß Sie am Anfang nicht zu viel erwarten dürfen. Sie müssen geduldig sein und die Ruhe bewahren. Sobald das Pferd auch nur die leiseste Andeutung macht, seitwärtszugehen, belohnen und loben Sie es, dann gönnen Sie ihm eine Pause. Wenn Sie dann wieder neu anfangen, wird das Pferd sicherlich mehr versuchen. Ein älteres Pferd kann durchaus Probleme mit diesem Kommando haben. Da wäre es angebracht, jemanden dabeizuhaben, der das Pferd seitwärts drückt, dann könnte es eher verstehen, was Sie wollen. Hat es Sie erst einmal verstanden, wird es durch Übung immer besser werden; wenn Sie aber über das Ergebnis enttäuscht sind, denken Sie daran, daß das Geheimnis in der Balance, Geschmeidigkeit und Kraft des Pferdes liegt.

Travers seitwärts ist ein guter Test, inwieweit Sie die Bedeutung von Geduld, Ruhe, Belohnung und zeitlicher Abstimmung erkannt haben, diese Lektion ist auch ein Test für den Gehorsam Ihres Pferdes.

Der Reiter setzt den rechten Schenkel hinter dem Gurt ein, um das Pferd seitwärtszutreiben, sein linker Schenkel liegt am Gurt, sorgt für den Schub und hält das Pferd leicht in die Bewegungsrichtung gebogen.

Der fliegende Galoppwechsel

Wenn ein galoppierendes Pferd das Führungsbein wechselt, geschieht das normalerweise in der Schwebephase. Wenn es also links galoppiert, beginnt der Galoppsprung mit dem rechten Hinterbein, will es in den Rechtsgalopp wechseln, ändert es die Winkelung des Körpers, wenn alle Beine in der Luft sind, so daß es den nächsten Galoppsprung dann mit dem linken Hinterbein beginnt. Das wird »fliegender Galoppwechsel« genannt. Sie haben das mit Sicherheit schon beim Ausreiten gespürt, wenn das Pferd im Galopp die Richtung ändert.

Auf den Fotos hier hat der Reiter das Pferd zu einem fliegenden Galoppwechsel auf gerader Linie aufgefordert. Das ist sehr viel schwerer, denn das Pferd muß gut im Gleichgewicht stehen, damit es sehr sensibel auf die Reiterhilfen reagieren kann.

Wie Sie sehen können, wechselt das Pferd zunächst mit den Hinterbeinen. Während des Galoppsprungs vor dem Wechsel hat die Reiterin ihre Hilfen von links nach rechts umgestellt, dabei legt sie das linke Bein weiter zurück und das rechte weiter vor. Fußt das Pferd mit der Vorhand auf, treibt sie mit dem linken Bein, um die Hinterhand des Pferdes leicht

nach rechts zu drücken, dadurch hilft sie ihm, das linke Hinterbein nun zuerst aufzusetzen. Während des Linksgalopps ist die linke Hüfte des Reiters leicht vor der rechten (versuchen Sie, das im Galopp einmal zu fühlen). In der Schwebephase verändert sie ihre Haltung, so daß dann die rechte Hüfte führt.

Diese ganzen Veränderungen sind so fein, daß man sie kaum bemerkt. Auf einem ganz hervorragend gerittenen Pferd braucht man wirklich nur die Hüfte zu drehen, um es zu einem fliegenden Wechsel zu veranlassen.

Das klingt alles schrecklich kompliziert. In einfachen Worten ausgedrückt, sie veränderte die Stellung, so daß es für das Pferd unbequem wurde, weiter im Rechtsgalopp zu bleiben; dann unterstützte die Reiterin in der Schwebephase das Pferd dabei, das Führungsbein zu wechseln. Es fühlt sich an, als ob man das Pferd zunächst warnt, dann mit dem Kreuz hochnimmt und schließlich auf dem anderen Bein wieder herunterläßt.

Eine der schwierigsten Dressurlektionen, und eine die wunderbar anzusehen oder zu reiten ist, ist der fliegende Galoppwechsel von Sprung zu Sprung. Es ist aber eigentlich gar nicht so schwer, ein gut ausbalanciertes,

geschmeidiges Pferd zu einem fliegenden Galoppwechsel zu veranlassen, wenn Sie den Kreuzungspunkt einer Acht durchreiten. Reiten Sie die Acht relativ klein, erfolgt das Umstellen der Hilfen recht deutlich, so daß die Richtungsänderung für das Pferd gut zu fühlen ist.

Wenn Sie am Kreuzungspunkt sind, stellen Sie das Pferd um und belasten Sie den Gesäßknochen der Seite, zu der Sie wechseln wollen. Voraussetzung ist, daß Ihr Pferd auf beiden Händen gleichermaßen gerne galoppiert. Ist es auf einer Seite steif, müssen Sie es zunächst durch gezielte Arbeit lösen.

Sie können den fliegenden Galoppwechsel auch aus dem Außengalopp heraus reiten, wie hier gezeigt. Reiten Sie eine Acht, aber lassen Sie das Pferd nicht umspringen. Reiten Sie im Außengalopp bis zur nächsten Ecke und wechseln Sie dort den Galopp.

Der am häufigsten auftretende Fehler ist der, daß das Pferd zuerst vorne umspringt und dann hinten. Es springt also am Ende eines Galoppsprungs mit den Vorderbeinen um, geht im Kreuzgalopp (s. S. 37) und wechselt beim nächsten Galoppsprung auch mit den Hinterbeinen. Das vermittelt keineswegs ein

wunderbares Gefühl: Es ist holperig, schaukelnd und furchtbar unbequem. Ein gut gesprungener Galoppwechsel ist eine harmonisch fließende Bewegung. Galoppiert das Pferd nicht gerade sehr langsam, wird nur ein sehr erfahrener Beobachter den Fehler bemerken, Sie müssen sich da schon auf Ihr Gefühl verlassen. Der Fehler zeigt, daß das Pferd nicht wirklich geschmeidig und ausbalanciert ist; gehen Sie wieder zu den Übungen zurück, die das Pferd geschmeidiger machen. Zwingen Sie ein Pferd zu fliegenden Wechseln, bevor es physisch dazu in der Lage ist, können Sie seine Rückenmuskulatur schädigen.

Der fliegende Galoppwechsel ist schwierig, das Pferd kann sich dabei leicht aufregen. Übertreiben Sie es nicht, und vergessen Sie das Loben nicht. Haben Sie den Wechsel geschafft, werden Sie feststellen, daß diese Lektion überaus nützlich ist, wenn Sie an schnellen Spielen wie Polo, Horseball oder Gymkhanas teilnehmen.

Ganz links geht das Pferd im Außengalopp, es führt also mit dem äußeren (linken) Bein. Sein Körper ist leicht nach links gestellt. Wenn der Reiter gefühlvoll die Stellung des Pferdes ändert, dann veranlaßt er das Pferd, beim Vorführen der Hinterhand das andere Hinterbein als Führungsbein zu nehmen, danach wechselt es in der Luft auch die Vorderbeine. Das Pferd geht im Rechtsgalopp weiter. Den meisten Pferden fällt am Anfang der Wechsel von rechts nach links leichter.

Die Pirouette

In der klassischen Ausbildung bzw. Dressur finden sich viele Lektionen, die sich in der Arbeit zu Pferde als sehr nützlich erweisen, zum Beispiel die Traversale und der fliegende Galoppwechsel. Großer Wert wird gelegt auf langsame, gleichmäßige Rhythmen und absolute Präzision. Die klassische Pirouette gehört zu den wunderschönsten dieser Lektionen, aber man braucht ein wunderbar ausbalanciertes, gymnastiziertes und kräftiges Pferd, um eine perfekte Pirouette zu reiten. Wenn Sie aber die Grundidee verstehen, dann sollten Sie in der Lage sein, auf jedem durchlässigen Pferd halbe oder Viertel-Pirouetten zu drehen, Sie werden feststellen, daß es im versammelten Galopp dann viel leichter zu lenken ist.

Die Pirouette gehört in eine Gruppe mit der Hinterhandwendung, dem Roll-Back (S. 144) und dem Spin (S. 146). Das Pferd senkt die Kruppe, schiebt die Hinterbeine weit unter

den Körper und dreht seine Vorhand um seine Hinterhand. In einer Pirouette behält das Pferd den erhabenen, eleganten Rhythmus des versammelten Galopps bei. Für eine ganze Pirouette (360°) braucht das Pferd sechs bis acht Galoppsprünge, für eine halbe drei bis vier.

Das Pferd hier auf den Fotos ist ganz leicht in die Bewegungsrichtung gestellt. Es springt im Galopp gut durch, eine Schwebephase ist auch in der Drehung noch zu erkennen, doch das innere Hinterbein bewegt sich mehr oder weniger auf der Stelle.

Eine ganze Pirouette, vollendet geritten, ist für das Pferd extrem kräftezehrend: Es trägt fast sein ganzes Gewicht für mehrere Sekunden nur mit der Hinterhand. Wenn aber Ihr Pferd gut ausbalanciert ist und fleißig genug durchspringt, um eine kleine halbe Volte zu galoppieren, dann können Sie mit Ihrer Pirouette beginnen. Bevor Sie die Volte reiten, treiben Sie mit dem Kreuz, damit das Pferd vermehrt untertritt; verlagern Sie seinen Schwerpunkt mit einer halben Parade nach hinten; dann reiten Sie die halbe Volte, in der Sie seine Vorhand mehr wenden als seine Hinterhand. Die Hinterbeine Ihres Pferdes werden zwar nicht an ein und derselben Stelle verweilen, aber sie werden einen kleineren Zirkel beschreiben als seine Vorderbeine. Stück für Stück können Sie so der Pirouette immer näher kommen. Sie werden herausfinden, daß Ihr Pferd schneller besser wird, wenn Sie Ihre halbe Pirouette zunächst immer an derselben Stelle reiten, später können Sie dann den Ort wechseln.

Sind Sie mehr an Zweckmäßigkeit als an Stil interessiert (wie z.B. beim Polo), ist es sehr hilfreich, wenn Sie Ihr Gewicht mehr einsetzen, als bei der Dressur genehm ist; Sie können die Drehbewegung auch unterstützen, indem Sie Ihr äußeres Bein mehr nach vorne nehmen und mit der Zehenspitze gegen die Schulter des Pferdes tippen.

Das größte Problem beim Reiten einer Pirouette liegt darin, den Schwung des Pferdes die ganze Zeit aufrecht zu erhalten, sehr leicht wird es langsamer oder hört ganz auf. Wenn das passiert, reiten Sie das Pferd sofort geradeaus. Je mehr sich die Pirouette der vollständigen Drehung nähert, desto schwieriger wird diese Lektion.

Das ausgebildete Pferd

Dieses Pferd zeigt eine *Piaffe,* ein erhabener, wunderbarer Trab auf der Stelle. Nur bei geduldiger, systematisch aufgebauter Ausbildung kann das Pferd diese äußerst schwierige Lektion gelassen und elegant ausführen. Beachten Sie, wieviel Gewicht das Pferd mit seiner Hinterhand aufnimmt, sein Schwerpunkt liegt ziemlich weit hinten.

Beim Schließen des Tores auf der Bildfolge ganz rechts, führen Pferd und Reiter gemeinsam mehrere sehr präzise Bewegungen aus, beide sind ruhig und arbeiten harmonisch zusammen.

Sie halten parallel zum Tor an.

Sie machen eine Vorhandwendung und richten dann rückwärts, dabei zieht der Reiter das Tor zu.

Mit einer Hinterhandwendung, einhändig geritten, wenden sie vom Tor ab.

Sie galoppieren aus dem Schritt an.

Beide Pferde sind ausgebildet, ruhig, ausbalanciert und reagieren auf die leiseste Hilfe. Und doch haben ihre Reiter völlig verschiedene Ziele. Der klassische Reiter zeigt die durch Tradition überlieferten Lektionen der Hohen Schule, er zeigt Reitkunst in der höchsten Vollendung. Sein Pferd wird fast ausschließlich in der Reitbahn oder -halle geritten. Der Junge möchte ein lebhaftes, reaktionsschnelles Pferd für Spiele und Abenteuer. Er erkennt, daß die von ihm gewünschte Präzision und Aufmerksamkeit davon abhängt, ob ein Pferd »ruhig, vorwärts, gerade« ist, die Lektionen der Hohen Schule kennt er wahrscheinlich gar nicht. Das Pferd ist noch nie in einer Reitbahn geritten worden; doch es ist mit Sicherheit ein ausgebildetes Pferd.

Jedes Pferd ist ebenso sensibel wie diese beiden, aber nur wenige sind in der Lage, genauso feinfühlig zu reagieren. Ein junges, schwaches oder schlecht ausbalanciertes Pferd kann ganz einfach seinen Körper nicht so schnell bewegen, also nicht umgehend reagieren. Jedes Pferd braucht eine Ausbildung, bevor es zusammen mit seinem Reiter im Gleichgewicht geht. Ein älteres Pferd, das immer schlecht geritten wurde, wird sich bei den groben Hilfen, die sein Reiter meint, anwenden zu müssen, stocksteif machen, dadurch erscheint es dann als noch unrittiger, als es sowieso schon ist.

Ob Sie nun für die systematische Ausbildung Ihres Pferdes eine Reitbahn benutzen oder nicht, das hängt von Ihren Zielen und Fähigkeiten ab. Seien Sie sich aber der Tatsache bewußt, daß die Arbeit in der Reitbahn nicht

unbedingt zur Ausbildung Ihres Pferdes beiträgt. Pferde, wie Kinder, lernen nichts, wenn Sie schlecht unterrichtet werden, aus Langeweile lehnen sie sich gegen ihren Reiter auf und nehmen schlechte Manieren an. Was ein Pferd gewöhnlich davon abhält, besser zu wer-

Das für die Hohe Schule ausgebildete Pferd (unten) muß lernen, sich in einer Reitbahn auf schwierige Lektionen zu konzentrieren.

*Eine mehr
praxisbezogene
Ausbildung führt zu
einem ebenso
feinfühligen und
klugen Pferd (rechts).*

den, ist ein schlecht reitender und lehrender Ausbilder, keineswegs fehlende Lernbereitschaft.

Es ist z.B. auch völlig zwecklos, korrekt und sorgfältig in der Bahn zu reiten, im Gelände dann aber nur zu juxen. Das Pferd wird sich sicherlich Ihrem Verhalten anpassen. Es hat auch keinen Zweck, endlos im Kreis herumzutraben, dem Pferd dabei im Maul zu hängen, ohne Gleichgewicht. Und schließlich ist es auch nicht anzuraten, zu ehrgeizig zu sein und sich nur auf das Üben von Dressuraufgaben zu konzentrieren, denn dann verliert das Pferd seine Eleganz und Ausstrahlung.

Häufig ist es auch nicht von Vorteil, ein junges Pferd gleich in der Bahn zu reiten. Das junge Pferd kann sich noch nicht versammeln, es muß zunächst einmal die entsprechende Muskulatur entwickeln, und das wird nur durch freies Vorwärtsreiten gewährleistet. In einer Reitbahn fühlt es sich normalerweise gehemmt und muß getrieben werden, doch im Gelände treiben schon seine angeborene Neugier und *joie de vivre* das Pferd vorwärts. Erst durch monatelanges Reiten am langen Zügel ist ein Pferd so weit entwickelt, daß es höheren Anforderungen gerecht werden kann; es wird auch eine positivere Einstellung zum Reiten entwickeln, bessere Gänge und eine wache Intelligenz, wenn es im Gelände gearbeitet wird. Durch das Nutzen natürlicher Gegebenheiten können Sie Ihr Pferd auch ohne Reitbahn ausbilden.

Unvermeidlich ist das Reiten in der Bahn hingegen, wenn Sie nicht sicher sind, ob Sie Ihr Pferd unter Kontrolle halten können; wenn Ihr Pferd nervös ist, wenn Sie wollen, daß Ihr Pferd sich voll auf eine neue Aufgabe konzentriert, und, natürlich, wenn Sie sich an die klassischen Lektionen der Hohen Schule heranwagen. Doch denken Sie daran, das Pferd soll diese Lektionen nicht wie einprogrammiert abspulen, sondern sie sollen ausdrucksvoll, lebendig und freudig ausgeführt werden. Bieten Sie dem Pferd in der Reitbahn und im Gelände Abwechslung, damit das Pferd keine Langeweile verspürt, sondern ständige Lernbereitschaft signalisiert.

Pluvinel sagte: »Wir sollten größte Sorgfalt walten lassen, das Pferd nicht zu verärgern und seinen freundlichen Charme nicht zu zerstören, denn der ist wie der Duft einer Blüte – einmal verloren, wird er nie wiederkehren.«

Einsatz des Schubs beim Springen: Vor und über dem Sprung

Beim Springen, besonders bei mächtigen Hindernissen, muß das Pferd seine Kraft explosiv und rationell einsetzen und sich vor dem Absprung wie eine Sprungfeder zusammenziehen. Die Verlagerung des Schwerpunktes und der Bewegungsablauf erfolgen schnell und deutlich; das Pferd muß den Sprung genau taxieren; und es muß sich auf die Anstrengung vorbereiten und nach dem Sprung wieder normal weitergaloppieren. Ist das Pferd erregt, kann es, da es verspannt ist, nicht die ideale Haltung am Sprung zeigen; ein gutes Springpferd hat starke Nerven und ist voll Vertrauen, auch ist es gut trainiert und fit.

Wie Caprilli erkannte, liegt die Aufgabe des Reiters darin, das Pferd so wenig wie möglich zu stören. Das geht aber nur, wenn Sie verstehen, was das Pferd leisten muß. Dem erfahrenen Pferd auf diesen Fotos wurde der Sprung gezeigt, und dann konnte es loslegen.

Auf den Fotos rechts (1–3) ist zu sehen, wie sich das Pferd dem Sprung nähert. Obwohl der Sprung recht hoch ist, trabt das Pferd relativ langsam. Sein letzter Tritt vor dem Absprung ist auf dem Foto unten zu sehen (4). Es hat fast den Anschein, daß das Pferd stoppen wolle. Es streckt Kopf, Hals und Beine nach vorne, verlängert den Tritt und wird tiefer. Der nächste Trabtritt wird das rechte Vorderbein des Pferdes unter seine vorgestreckten Nüstern bringen. Dann kann es seine Schulter einsetzen, um sich vorwärts-aufwärts zu heben (vergleichen Sie diese Bewegung mit dem Aufstehen nach dem Wälzen).

1.

2.

3.

Wenn das Pferd sich einem Sprung nähert, hebt es seinen Kopf, um das Hindernis zu sehen, denn es muß die Höhe einschätzen und taxieren.

4.

7.

Oben (7) ist das Pferd im Absprung zu sehen, der Bewegungsablauf setzt sich harmonisch fort. Es streckt Kopf und Hals vorwärtsabwärts; sein Rücken ist rund; es winkelt die Vorderbeine an und hebt sie. Sein Körper befindet sich in einem Winkel von ca. 40° vom Boden.

Das Foto oben in der Mitte zeigt das Pferd in der Luft, sein Körper beschreibt eine harmonische Aufwärtskurve, der Rücken ist rund, der Kopf tief. Diese Haltung bezeichnet man als »Bascule«. Ein junges oder unerfahrenes Pferd nimmt nicht sofort diese Haltung ein, sondern springt mit erhobenem Kopf und weggedrücktem Rücken. (Schauen Sie sich Pferde bei Jagdrennen an.) Das Pferd wird dann aber nie in der Lage sein, hohe Hindernisse wie dieses hier zu springen. Um seine Kraft voll ausnutzen zu können, muß es den Rücken rund machen, denn sonst kann es seine Hinterbeine gar nicht weit genug nach vorne bringen.

Was Sie hier sehen, das muß das Pferd auch mit Ihnen auf seinem Rücken machen dürfen. Es muß den Kopf heben, um den Sprung sehen zu können. Es muß vor dem Absprung einen etwas größeren Tritt machen. Es muß seine Schulter im ersten Teil des Absprungs einsetzen, was es verständlicherweise nicht kann, wenn Sie sich zu weit nach vorne lehnen. Es muß den Rücken wölben, was nicht geht, wenn Sie sich noch im Sattel befinden. Beim Absprung richtet es sich auf, einen Sekundenbruchteil später streckt es Kopf und Hals vorwärts-abwärts.

6.

Links (5) ist zu sehen, wie das Pferd seinen Rücken wölbt und dabei die Hinterbeine weit unter den Körper bringt: Achten Sie auf die deutlich vortretende Muskulatur. Um die Hinterbeine weit genug nach vorne zu bringen, muß das Pferd sie dort plazieren, wo jetzt noch seine Vorderfüße sind. Die Schulter katapultiert die Vorhand des Pferdes vom Boden; sein linkes Vorderbein ist bereits angehoben; das rechte Vorderbein löst sich gerade vom Boden, während das linke Hinterbein auffußt.

Auf dem Foto oben (6) sind die Hinterbeine am Boden, und die kräftige Hinterbeinmuskulatur bringt das Pferd weiter nach vorwärtsaufwärts. Wieder ist deutlich zu erkennen, wie das Pferd den Rücken wölbt, so daß der Lendenbereich sich aufwölbt. Jetzt hat das Pferd Hals und Kopf wieder aufgerichtet und zurückgenommen.

5.

Springen: Landung

Jetzt wird der linke Vorderfuß aufgesetzt (unten); das Pferd ist im Linksgalopp gelandet. In der Landung hebt das Pferd seinen Rücken und die Kruppe noch einmal an, damit es die Stange nicht mit den Hinterbeinen reißt. Auch der Kopf wird angehoben; seine Rückenlinie ist plötzlich genau entgegengesetzt, wie ein Peitschenschlag. Dieses erfahrene Pferd verdreht seine Hinterhand ein wenig, um seine Kruppe nicht höher heben zu müssen als absolut notwendig.

In der Abwärtsbewegung (oben) streckt das Pferd die Vorderbeine aus, dabei hat ein Bein zuerst Bodenkontakt (hier das rechte). Der Rücken ist nicht mehr so rund; Hals und Kopf sind gestreckt. Ein Pferd landet immer auf einem Bein; seine Fesselgelenke müssen kräftig genug sein, um die Belastung durch sein eigenes, sich schnell bewegendes Gewicht auszuhalten. Es kann über dem Sprung einen fliegenden Galoppwechsel machen.

Zeichnet man die Konturen des zweiten Fotos in das erste, sieht man deutlich, wie sich die Hinterhand des Pferdes in der Landung plötzlich hebt.

Unten drückt sich das Pferd wieder mit den Vorderbeinen ab und zieht die Hinterbeine nach, die Lendenmuskulatur wölbt sich wieder; dann bringt es die Hinterbeine weit nach vorne, sie fußen vor den Vorderbeinen, was natürlich bedeutet, daß das Pferd seine Vorderfüße bewegen muß, bevor seine Hinterhufe landen können. In diesem Augenblick ist es für das Pferd sehr schwierig, die Balance zu halten: Es sieht fast so aus, als würden seine Nüstern im nächsten Moment den Boden berühren, doch dann landet der rechte Hinterhuf, nimmt Gewicht auf und schiebt das Pferd vorwärts.

Wenn das zweite Hinterbein landet, kann das Pferd mit der Hinterhand genügend Schub entwickeln, um sich hochzuheben und die Vorderbeine wieder nach vorne zu bringen, noch liegt der Schwerpunkt aber sehr weit vorne. Das Pferd braucht ein bis zwei Galoppsprünge, um in den normalen Galopp zurückzukehren.

Beim Landen muß der Reiter also deutlich den Rücken des Pferdes entlasten und es ihm ermöglichen, seinen Kopf für den ersten, größeren Galoppsprung vorzustrecken. Sie dürfen sich aber nicht zu sehr nach vorne lehnen, sonst bringen Sie noch mehr Gewicht auf die Vorhand, und Sie laufen Gefahr, sich mit Ihrem Pferd zu überschlagen. Stolpert das Pferd in einer Landung, sind Sie beide in einer schwierigen Situation, denn Sie müssen dem Pferd helfen, nicht die Beine zu verlieren, obwohl Sie sich nicht in den Sattel setzen dürfen. Sie müssen sich dann auf Ihren Knieschluß und die tiefen Absätze verlassen, um selber nicht aus dem Gleichgewicht zu kommen.

Wenn Sie Ihr Pferd an der Longe freispringen lassen, kann es seinen eigenen Stil entwickeln, und Sie haben die Chance, den Bewegungsablauf des Pferdes genau zu studieren. Pferde entwickeln durchaus leicht unterschiedliche Techniken, um die Hinterbeine fehlerlos über die Hindernisse zu bringen.

In dem Galoppsprung nach der Landung hat das Pferd sein Gleichgewicht noch nicht vollständig wiedergefunden, der Schwerpunkt liegt noch relativ weit vorne. Der Galoppsprung ist größer, Sie würden, wenn Sie bergab liefen, auch größere Schritte machen.

Der leichte Sitz beim Springen

Sie müssen sicher und doch geschmeidig im Sattel sitzen, Ihr Gewicht liegt in Ihren Absätzen und Knien. Sie müssen gar nicht so sehr hoch aufstehen: Verlagern Sie Ihr Gewicht gerade so weit, daß Sie die Rückenbewegungen des Pferdes nicht stören (s. S. 52). Achten Sie darauf, daß Sie sich nicht an den Zügeln festhalten. Die Zügelführung dieser Reiterin ist leicht und einfühlsam.

Um gut zu springen müssen Sie
a) dem Pferd Vertrauen geben
b) das Pferd physisch und mental entsprechend ausbilden
c) das Pferd so wenig wie möglich stören.

Von Natur aus sind Pferde nicht gerade erpicht darauf, sich über gewaltige Hindernisse zu wuchten, denn dabei sind ihre Füße in Gefahr. Doch haben sie erst einmal Vertrauen gefunden, springen die meisten doch ganz gerne. Wieviel Vertrauen ein Pferd hat, das hängt zu einem großen Teil von Ihnen ab: von Ihrer Einstellung, Ihrer Ausbildung und Ihrem Sitz. Kein Pferd wird springen, wenn Sie ihm schmerzhaft ins Kreuz fallen oder im Maul reißen. Ein Pferd *kann* gar nicht springen, wenn Sie sein Gleichgewicht stören, oder Ihre Hände nicht unabhängig genug sind, um ihm die nötige Kopffreiheit zu geben.

Dieser Sprung ist sicherlich höher als das, was Sie am Anfang springen, aber die Fotos verdeutlichen das, wonach Sie streben. Beachten Sie, daß die Reiterin ihr Gewicht in ihre Absätze verlagert hat und daß sie nicht nach unten schaut (wenn Sie das machen, schauen Sie in die Richtung, in die Sie gehen werden).

Kurz vor dem Absprung kann das Pferd seinen Kopf heben, so daß es den Sprung gut sehen kann. Die Reiterin sitzt aufrecht, bereit, wenn notwendig, mit dem Kreuz nachzutreiben.

Den letzten Galoppsprung kann das Pferd etwas größer machen. Beachten Sie, daß die Reiterin sich noch nicht nach vorne lehnt. Wenn Sie es täte, würde sie zu viel Gewicht auf die Vorhand bringen und es dem Pferd unmöglich machen, sich vorne hochzuheben während es die Hinterbeine weit unter seinen Kör-

Auf diesem willigen und gut ausgebildeten Pferd läßt die Reiterin die Zügel absichtlich etwas lockerer als gewöhnlich, damit Sie sehen können, daß die Bewegungen des Pferdekopfes natürlich sind, nicht durch die Zügel bedingt. Obwohl die Reiterin sich aufrichtet und vornüberlegt, belastet Sie nie die Vorhand des Pferdes. Während des gesamten Sprungs ist der Pferderücken entlastet.

per schiebt. Dann würde es stoppen, denn es befindet sich dafür in der idealen Haltung.

Während das Pferd seinen Rücken einsetzt, um sich kraftvoll emporzudrücken, geht die Reiterin ebenfalls aufwärts-vorwärts. Sie ist minimal vor seiner Bewegung, aber das ist richtig. Würde sie sich mehr nach vorne lehnen, würde sie das Pferd daran hindern, mit der Vorhand genügend hochzukommen; bliebe sie hinter der Bewegung, würde sie das Pferd daran hindern, seine Vorwärtsbewegung aufrechtzuerhalten. Das Pferd muß aber beides im Absprung machen können.

Über dem Sprung knickt die Reiterin in der Hüfte ein und geht mit den Händen am Hals nach vorne. Beachten Sie, daß sie dabei das Gesäß nach hinten herausschiebt, um ein Gegengewicht zu ihrem vorgebeugten Oberkörper zu haben.

In der Abwärtsbewegung des Pferdes richtet sich die Reiterin wieder auf, belastet aber in dem Moment, den wir mit einem Peitschenschlag verglichen haben, nicht den Rücken des Pferdes. Anfänger fallen dem Pferd hier oft ins Kreuz. Aber gerade dieser Fehler sollte vermieden werden, denn die Wirbelsäule des Pferdes senkt sich zwar zunächst, muß dann aber

gleich wieder hochschnellen, wenn das Pferd die Hinterbeine über den Sprung bringt. Würde sie sich hier nach vorne lehnen, würde sie es dem Pferd unmöglich machen, seine Vorhand wieder hochzubringen, bevor seine Hinterbeine landen.

Die Reiterin wartet den ersten, schwierigen Galoppsprung ab, dann setzt sie sich wieder aufrechter hin, um dem Pferd zu helfen, sein Gleichgewicht vollständig wiederzufinden.

Sie haben Glück, wenn Sie ein so gut ausgebildetes Pferd reiten können wie dieses, denn dann können Sie den Rhythmus des Springens erlernen, indem Sie es an der Longe üben oder in einem Couloir (eine rechts und links eingezäunte Bahn, so breit wie die Sprünge), dann braucht das Pferd kein Gebiß. Fast jeder, der mit dem Springen beginnt, bleibt hinter der Bewegung zurück, also wird an den Zügeln gezogen und dem Pferd im Maul Schmerzen zugefügt. Greifen Sie zunächst in die Mähne oder halten Sie sich an einem Halsriemen fest. Springen Sie erst dann mit Gebiß, wenn Sie sicher sind, daß Sie das Pferd nicht verletzen: Die meisten Pferde lassen sich in einer Reithalle oder auf einem eingezäunten Platz sehr gut auch mit Halfter reiten, und sie springen sehr viel williger, wenn Sie merken, daß man ihnen nicht weh tut.

Grundausbildung: Wälle und Böschungen

Auf dem Rücken eines springenden Pferdes werden Sie mit sehr schnellen Veränderungen konfrontiert, und zwar Balance und Winkelung des Körpers betreffend. Sogar bei kleinen Sprüngen bleibt man als Anfänger hinter der Bewegung zurück, man hängt beim Absprung nach hinten über und (falls man überhaupt so lange obenbleibt) fällt dem Pferd in der Landung noch einmal ins Kreuz. Das macht dem Pferd auch keinen Spaß.

Ein junges Pferd kann sich noch nicht so athletisch bewegen wie ein erfahrenes Springpferd, also setzt es recht unbeholfen über die Sprünge.

Sie daran, daß Sie Ihr Pferd nur dann vollständig unter Kontrolle haben, wenn es ausbalanciert ist; ist es das nicht, oder bringen Sie es gar aus dem Gleichgewicht, dann kann das Pferd nicht sofort auf Ihre Hilfen reagieren. Am besten ist es, die Hände einfach ruhig hinzustellen. Die Zügelführung darf dadurch aber nicht fest werden, eine gewisse Elastizität sollte immer vorhanden sein, Ziel ist natürlich, daß Ihr Pferd sich schließlich ganz alleine ausbalanciert.

Das Galoppieren über Hügel und durch Senken hilft dem Pferd zu lernen, die Länge seiner Galoppsprünge leicht und problemlos zu variieren, das muß es beim Springen auch.

Wenn Sie beide Anfänger sind, dann haben Sie eine Menge Probleme. Sie können den Bewegungsablauf beim Springen nicht verlangsamen, aber Sie können Wälle und Böschungen nutzen, um den Bewegungsablauf des Springens zu imitieren. Beginnen Sie langsam, ganz allmählich erhöhen Sie dann das Tempo. Zunächst bleiben Sie möglicherweise doch zu weit hinten, wenn Ihr Pferd eine Böschung hinaufklettert, also fassen Sie in die Mähne, bis Sie gelernt haben, sich der Hangneigung entsprechend dem Pferd anzupassen. Das Pferd hat gewöhnlich mehr Probleme, wenn es bergab gehen soll. Es neigt dazu, seine Vorhand zu sehr zu belasten und wird deswegen schneller. Sie müssen dann das Pferd mit den Zügeln in einem ruhigen Tempo halten, bis es gelernt hat, seine Balance auch bergab zu halten. Es sollte später in der Lage sein, nach einem Wallabsprung sofort im Gleichgewicht weiterzugehen.

Nutzen Sie natürliche Senkungen, kleine Hügel und Abhänge, und bewältigen Sie diese in immer höherem Tempo. Sicherlich geht Ihr Pferd am Anfang etwas unkontrolliert. Denken

Kleine Absätze oder Stufen herunterzuspringen, auch aus dem Stand, zeigt Ihnen, wie Sie in der Landung den Rücken des Pferdes entlasten. Verlagern Sie Ihr Gewicht in Ihre Absätze, halten Sie dabei die Fußgelenke aber entspannt, denn sie dienen als Federn, wenn das Pferd landet.

Wenn Sie voller Vertrauen über derart unebenen Untergrund galoppieren und keiner

Eine perfekte Stelle, um Springen zu lernen. Sie kommen zuerst im Schritt und legen nach und nach zu, bis Sie und Ihr Pferd gemeinsam schnell und leicht den Bewegungsablauf meistern.

Beim Hinauf- und Hinabreiten steiler Hänge lernen Sie, den Rücken des Pferdes zu entlasten und Ihr Gleichgewicht so zu verlagern, wie es auch das Pferd macht.

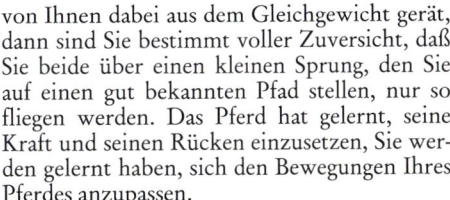

von Ihnen dabei aus dem Gleichgewicht gerät, dann sind Sie bestimmt voller Zuversicht, daß Sie beide über einen kleinen Sprung, den Sie auf einen gut bekannten Pfad stellen, nur so fliegen werden. Das Pferd hat gelernt, seine Kraft und seinen Rücken einzusetzen, Sie werden gelernt haben, sich den Bewegungen Ihres Pferdes anzupassen.

Dieses Training ist ebenfalls hervorragend für junge Pferde oder Turnierpferde, die nicht zu viel springen sollen, um zu vermeiden, daß sie »sauer« werden. Das junge Pferd, wenn es mutig genug ist, kann durchaus mit weggedrücktem Rücken springen; aber beim Hinaufgaloppieren von Wällen und Böschungen muß es den Rücken aufwölben. Hat es erst einmal die richtige Haltung entdeckt, wird es auch mit rundem Rücken springen. Diese abwechslungsreiche Arbeit hält ein Pferd bei Laune und sorgt gleichzeitig dafür, daß es fit und rittig wird. Aber Sie selbst müssen Ihren Verstand und Ihre Phantasie einsetzen, um diese natürlichen Trainingsbedingungen auch zu erkennen.

Grundausbildung: Stangentraben

Mit einem etwas größeren Galoppsprung kann jedes Pferd über eine Stange springen, die sich auf Höhe seiner Vorderfußwurzelgelenke befindet. Es nimmt den Sprung, wenn es die Hinterbeine aufgesetzt hat und bevor die Vorderbeine fußen. Ein noch unerfahrenes Pferd und ein unerfahrener Reiter werden annehmen, je höher der Sprung, desto schneller muß das Tempo sein. Sie können auch fröhlich durchs Gelände reiten und über kleine Sprünge gehen, die auf Ihrem Weg stehen.

Aber diese Art zu springen hat ihre Grenzen. Das Pferd kann so keine hohen Sprünge nehmen. Denn bei den mächtigeren Hindernissen braucht das Pferd eine andere Technik: Es muß langsamer werden, den letzten Galoppsprung verlängern und seine Schulter einsetzen, um seine Hinterbeine so weit es geht unter den Körper zu schieben. Im Unterschied zu anderen Bewegungen, die in diesem Buch beschrieben sind, zeigt ein Pferd dieses Verhalten nicht beim Herumtollen. Dieses Springen muß das Pferd lernen. Wenn Sie von Ihrem Pferd erwarten, daß es hohe Hindernisse springt, nur weil es willig bei kleinen Sprüngen mitmacht, dann ist das nicht ganz fair, wenn Sie Ihr Pferd nicht ganz gezielt darauf vorbereiten: Sie werden seine Nerven überstrapazieren.

Schauen Sie sich noch einmal das Pferd auf Seite 125 an. Es nahm dieses hohe Hindernis aus einem langsamen Trab heraus, es setzte ganz clever seine Kraft ein, statt nur auf Geschwindigkeit zu bauen. Aufgrund seiner Ausbildung hat dieses Pferd Selbstvertrauen, ist ruhig und erfahren. Das ist Springen in guter Manier.

Der erste Schritt in der Ausbildung eines Springpferdes ist die Stangenarbeit. Das Traben über Hindernisstangen bewirkt, daß das Pferd lernt, die Länge seiner Tritte richtig einzuschätzen. Es lernt, seine Tritte bei gewölbtem Rücken zu verlägern; es lernt, nicht eiliger zu werden; und es macht Bekanntschaft mit bunten Hindernisstangen und dem Springen in der Reitbahn. Mit jedem Pferd, das sich beim Springen sehr aufregt oder sehr fürchtet, sollte man zu diesen Grundlagen zurückkehren.

Verwenden Sie lange, stabile Stangen. Sie müssen so im gleichmäßigen Abstand voneinander gelegt werden, daß Ihr Pferd im Trab genau dazwischen auffußt. Für ein Pferd sind das ca 1,10 m, das entspricht einem großen Schritt. Der Trab eines Ponies ist kürzer, aber sein Reiter wird auch kleinere Schritte machen. Sie

können die Stangen auch auf die Zirkellinie legen, dann ist der Abstand innen kleiner als außen, Sie sehen dann, wo Ihr Pferd am liebsten geht.

Das Pferd wird erhabener traben, und da es mit gewölbtem Rücken gehen soll, müssen Sie seinen Rücken entlasten. Denken Sie an die Ziele: gleichmäßiger Rhythmus, das Pferd sollte weder eilen noch schleichen; das Pferd soll den Hals strecken und den Rücken wölben. Geht das Pferd allerdings mit hohem Kopf und weggedrücktem Rücken, vereinfachen Sie die Aufgabe, indem Sie nur ein oder zwei Stangen hinlegen. Im Grundlagen-Training ist es wichtiger, leichte Aufgaben in gutem Stil zu bewältigen, als schwerere in schlechtem Stil.

Wenn Sie das Gefühl haben, daß das klappt, können Sie die Anforderungen steigern. Sie

können die Abstände vergrößern, so daß Ihr Pferd seine Tritte verlängern muß (gehen Sie dabei langsam voran). Sie können die letzte Stange auf 30 cm erhöhen; Sie können alle Stangen auf 30 cm legen; verdoppeln Sie die Distanz zur letzten Stange und erhöhen Sie diese auf 50 cm; nehmen Sie in der Mitte eine Stange heraus usw. Schwierige Aufgaben sollten Sie immer an das Ende einer Reihe setzen. Dann wird das Pferd lernen, diese anzugehen, ohne dabei eiliger zu werden, denn durch das Traben über die davor liegenden Stangen wird das Pferd zu einem Rhythmus gefunden haben.

Ein Galoppsprung entspricht der Länge von drei Trabtritten. Wenn Sie jetzt ein Kreuz aus zwei Stangen drei große Schritte (von Ihnen) hinter die letzte Trabstange stellen, kann das Pferd entweder aus dem Trab oder aus dem Galopp darüber springen. Lassen Sie ruhig Ihr Pferd entscheiden. Erhöhen Sie die letzte Stange, wird das Pferd wahrscheinlich angaloppieren.

Bei dieser Arbeit müssen auf jeden Fall die Distanzen zwischen den Stangen stimmen, sonst verlangen Sie Unmögliches von Ihrem Pferd. Weiterhin müssen Sie Ihrem Pferd unbedingt den Kopf frei geben, damit es den Hals strecken und die Stangen gut sehen kann. Denken Sie daran, das Pferd zu loben, wenn es die richtige Haltung einnimmt, sonst weiß es nicht, was Sie für gut halten.

Sie können Ihr Pferd auch über Stangen longieren. Ein junges Pferd wird das als großartiges Spiel empfinden.

Das Stangentraben bewirkt bei diesem übereifrigen Pferd, daß es seine Kraft einsetzt, anstatt eiliger zu werden. Es greift gut aus, wölbt den Rücken und macht den Hals lang. Seine Reiterin erlaubt es ihm, sich die Stangen anzusehen, dann entlastet Sie seinen Rücken.

Reihen

Mit Reihen wird die Stangenarbeit fortgesetzt. Reihen bestehen aus mehreren hintereinander gestellten kleinen Sprüngen, sie helfen, die athletischen Fähigkeiten des Pferdes zu entwickeln. Diese gymnastischen Übungen bauen seine Muskulatur auf und geben ihm Erfahrung, das Pferd lernt, »mitzudenken«. Es kann nicht rennen oder an der falschen Stelle abspringen, also entwickelt es automatisch einen guten Stil, springt mit Bascule und fühlt sich wohl.

Jedesmal, bevor Sie Sprünge machen, müssen Sie das Pferd im Trab und im Galopp aufwärmen. Mit kalten Muskeln kann kein Athlet Leistung bringen. In die Aufwärmphase können Sie auch wieder Stangentraben einbauen.

Auch in den Reihen sind die Abstände den Gangarten des Pferdes angepaßt: Ein großer Schritt für Trab, drei große Schritte für Galopp. Wenn Sie die Stangen auf 50 cm Höhe legen und immer drei große Schritte voneinander entfernt, dann sollten Sie ohne Probleme durch die Reihen galoppieren können. Das Pferd sollte in einem gleichmäßigen Rhythmus gehen. Die letzte Stange können Sie auf 70 oder 80 cm legen, das ist dann schon eher ein Sprung. Sie können auch in der Reihe Stangen entfernen, dann macht das Pferd einen Galoppsprung. Sie können jede der Stangen durch ein Hindernis ersetzen. Oder Sie bauen die ganze Reihe aus Sprüngen, entweder als In-Out oder auf einen Galoppsprung. Aber die Distanzen zwischen den Stangen bzw. Sprüngen *müssen* stimmen.

Der Galoppsprung eines Pferdes ist ungefähr so lang wie drei große Schritte eines Menschen. Nimmt das Pferd einen kleinen Sprung, wird der zurückgelegte Weg etwas größer, ca. dreieinhalb Schritte. Wenn Sie In-Out springen wollen (das Pferd landet nach dem ersten Sprung und springt gleich über den zweiten) sollte die Distanz zwischen den Sprüngen drei bis dreieinhalb Schritte betragen. Sollen die Hindernisse auf einen Galoppsprung stehen, muß die Distanz sechs bis sieben Schritte betragen. Ein Oxer oder eine Tripplebarre verlängert den Galoppsprung natürlich mehr als ein Steilsprung; daher ist es ratsam, diese Sprünge an das Ende einer Reihe zu setzen.

Am besten geeignet als Einsprung ist ein Kreuz aus zwei Stangen, denn jedes Pferd springt von Natur aus in der Mitte, dort, wo das Kreuz am niedrigsten ist, dadurch kommt es ganz gerade auf die folgenden Sprünge.

Für ein unerfahrenes Pferd ist eine einzelne Stange schwierig zu springen: Es wird unter-

laufen und muß sich dann darübermogeln. Eine Absprungstange auf dem Boden wird dem Pferd die Aufgabe leichter machen. In einem In-Out kann das zweite Hindernis ruhig eine einzelne Stange sein, stimmt die Distanz, dann springt das Pferd auch an der richtigen Stelle ab. Es ist sehr hilfreich, jemanden beim Springen dabeizuhaben. Wenn nämlich die Distanzen nicht ganz stimmen, merken Sie, daß das Pferd nicht flüssig springt. Das geht aber so schnell, daß Sie möglicherweise nicht sagen können, warum, aber Ihr Helfer kann es.

Ihre ersten Ziele sind Ruhe und gleichmäßiger Rhythmus. Stürmt das Pferd los, kehren Sie wieder zu den Trabstangen zurück und stellen dann die Reihe hinter die Stangen. Wird das Pferd zu schnell müde, arbeiten Sie mehr an Wällen und Böschungen, bis es fitter ist und mehr Energie hat; um seine Hinterhandaktivität zu verbessern, können Sie die Trabstangen

auch etwas höher legen. Zögernde Pferde springen meist besser, wenn es in Richtung Stall geht.

Wenn Ihr Pferd nach dem letzten Sprung losstürmt, helfen Sie ihm, sein Gleichgewicht wiederzufinden. Reiten Sie nach einigen Galoppsprüngen über Trabstangen, auch das wird Ihr Pferd langsamer machen.

Haben Sie das Pferd vor neue Aufgaben gestellt und es hat sie gelöst, dann reiten Sie zum Schluß noch einmal etwas, was es gut kennt, das erhält dem Pferd die Freude an der Arbeit.

Diese einfache Reihe besteht aus drei Sprüngen. Die gekreuzten Stangen als Einsprung helfen, daß das Pferd gerade auf die folgenden Sprünge kommt. Der zweite, ein Steilsprung, steht drei Schritte (vom Reiter) entfernt, das Pferd landet also und springt gleich wieder ab. Das dritte Hindernis, ein Oxer, steht auf einer Distanz von sieben Schritten, das Pferd landet, macht einen Galoppsprung und springt wieder ab. Die passenden Distanzen helfen dem unerfahrenen Pferd, in guter Haltung zu springen. Das In-Out verhindert, daß das Pferd losstürmt: dieses Hindernis gehört immer an den Anfang einer Reihe. Beachten Sie die leichte Zügelführung der Reiterin und ihren ausbalancierten Sitz.

Springreiten

Hindernisse im Parcours sollten immer breit und solide gebaut sein. Wenn Sie zuhause einen Parcours aufbauen, achten Sie immer auf die richtigen Distanzen. Sie wollen ja, daß Ihr Pferd in einem gleichmäßigen Rhythmus geht, also machen Sie es ihm leicht und bauen passend für seine Galoppsprünge.

Das Springen von Reihen vereinfacht das Springen eines Parcours, denn Sie und Ihr Pferd haben gelernt, Distanzen zu erkennen und nach jedem Sprung schnell die Balance wiederzufinden. Fängt man hingegen nur mit einem einzelnen Sprung an, merkt man als Reiter nicht, wie wichtig es ist, schnell das Gleichgewicht wiederzufinden, im Parcours können dann keine schnellen Wendungen geritten werden oder das Pferd läuft am zweiten Sprung vorbei. Hier bietet sich die halbe Parade an: Mit Schenkel- und Kreuzhilfen veranlassen Sie das Pferd, mit der Hinterhand vermehrt unterzutreten, der anstehende Zügel reguliert das Tempo und Ihr Gewicht hilft dem Pferd, schnell die Balance wiederzufinden (s. S. 105).

Bei mächtigen Sprüngen ist der Spruch »Wirf zuerst Dein Herz über den Sprung, der Rest wird dann folgen« wahr. Schauen Sie über den Sprung hinweg, dorthin wollen Sie, dann werden Sie und Ihr Pferd erheblich weniger zögern. Neben Ausbildung und Vertrauen spielt beim Springen hoher Hindernisse der Körperbau Ihres Pferdes eine wichtige Rolle. Nur ein Pferd, bei dem Schulter und Hinter-

hand gut bemuskelt sind, wird einmal hoch springen können.

Wenn Sie Turniere reiten, denken Sie immer daran, daß hohe Hindernisse für die Beine und Nerven eines Pferdes eine starke Belastung sind. Wenn Sie wissen, daß Ihr Pferd hoch springen kann, dann bewahren Sie seine Fähigkeiten für die wichtigen Momente. Lassen Sie es über kleinere Sprünge gehen und reiten Sie viel ins Gelände. Zu viele gute Pferde sind durch zu viel Üben oder zu viele Turniere verdorben worden.

Vielleicht haben Sie sich schon gewundert, warum so viel Wert darauf gelegt wird, langsam an Sprünge heranzureiten, wenn doch die meisten Springprüfungen auf Zeit geritten werden. Schauen Sie genau hin und Sie werden feststellen, daß die Sieger häufig langsamer aussehen. Doch sie gewinnen, weil sie kürzere Wege reiten können. Diese engen Wendungen aber verlangen ein ausbalanciertes Pferd und gute Technik, also arbeiten Sie besser daran, statt Ihr Pferd gehenzulassen.

Fängt ein Pferd an zu verweigern, versuchen Sie, die Ursache herauszufinden und stecken Sie Ihre Ziele zurück, bevor es überhaupt nicht mehr springt. Denken Sie daran, Sie sind der denkende Teil der Partnerschaft, nicht der wütende; von großer Bedeutung ist Ihre Geduld, nicht Ihr Zorn.

Dieser einfache Parcours ist so angelegt, daß er sowohl auf einer Zirkellinie als auch als Acht von beiden Seiten gesprungen werden kann. Der Natursprung (rechts) ist ein Oxer, auch Hochweitsprung genannt; der Plankensprung (links) ist ein Steilsprung; die Kombination steht auf einen Galoppsprung, bei jedem Sprung wird eine andere Technik gefordert. Beachten Sie, wie das Pferd auf den Oxer schaut; oder wie dieses erfahrene Paar bereits in der Landung die Wendung einleitet (rechts); wie schnell Sie das Gleichgewicht wiederfinden (links), so daß Sie kurze Wege reiten können und dadurch keine Zeit verlieren.

Geländesprünge

Geländesprünge sind normalerweise kleiner, naturfarben und stehen weiter auseinander als Hindernisse im Parcours, für das Pferd ist das leichter; aber diese Sprünge fallen nicht, wenn das Pferd sie berührt.

Auch wenn Sie nur gelegentlich im Gelände springen, sollten Sie überprüfen, ob Ihr Sattel dem Pferd auch wirklich paßt. In der Landung trifft der vordere Rand des Sattels die Schulter des Pferdes, ein schlecht sitzender Sattel veranlaßt das Pferd, loszurennen. Sind Sie sich nicht ganz sicher, legen Sie ein dickes Pad unter.

Sie können einladende, nicht zu umreitende Sprünge über Wege bauen, in Zaunöffnungen oder zwischen zwei Hecken. Sie sollten immer sehr solide aussehen. Prüfen Sie den Untergrund, auf zu hartem oder zu weichem Boden kann ein Pferd sich leicht vertreten; die Hufe können ausbrechen, landet ein Pferd auf Steinen. Ein Rumpler an einer Steinmauer kann zu einem Knochenbruch führen, also legen Sie immer eine Stange obenauf. Stangen und kurze

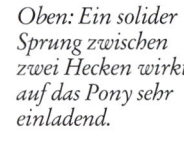

Oben: Ein solider Sprung zwischen zwei Hecken wirkt auf das Pony sehr einladend.

Links: In Geländeprüfungen findet man häufig ungewöhnliche Sprünge, die konzipiert sind, um den Reiter zu entnerven, nicht das Pferd. Verwenden Sie zu Hause Türen, Betten, Tische und Ihren ganzen Einfallsreichtum, aber bauen Sie freistehende Sprünge breit.

Rechts: Tiefsprünge erschrecken den Reiter mehr als das Pferd. Entlasten Sie aber auch hier den Rücken des Pferdes in der Landung. Wallabsprünge sind eine gute Vorübung.

Unten: Zu Haufen aufgeschichtete Äste, in der Mitte etwas niedriger, dienen als Sprung, wo das Pony nicht vorbeilaufen kann. Wenn es den Weg kennt, wird es willig springen.

Balken können Sie sehr abwechslungsreich einsetzen, aus Strohballen können Sie vielfältige Kombinationen bauen (achten Sie dabei auf Distanzen). Ein überbauter Graben ist einladender für ein Pferd als ein offener.

Viele Pferde wollen nicht über Wasser springen, nehmen Sie also jede Gelegenheit zum Üben wahr. Häufig empfiehlt es sich, die Absprungstelle durch eine Stange deutlicher zu machen. Springen Sie niemals über Draht: Bei hoher Geschwindigkeit kann ein Pferd den dünnen Draht nicht sehen. In Geländeprüfungen müssen Sie möglichst ein ganz bestimmtes Tempo gehen, nehmen Sie also zu Hause auf einer abgemessenen Strecke Ihre Zeit. Eine Geländestrecke müssen Sie immer zuerst zu Fuß abgehen, damit Sie sich genau überlegen können, wie Sie die einzelnen Sprünge anreiten, und um die Bodenbeschaffenheit zu prüfen. Richten Sie Ihre Aufmerksamkeit besonders auf die Landestelle, um ein Stolpern des Pferdes möglichst von vornherein zu vermeiden.

Westernreiten

Die Ausbildung eines Westernpferdes war ursprünglich dazu gedacht, ein wirkliches Gebrauchspferd zu schaffen, das blitzschnell wenden, stoppen und beschleunigen konnte, um die Fluchtversuche wendiger junger Rinder zu vereiteln. Daher muß es seine Hinterbeine ganz weit unter den Körper bringen, nur dann kann es vollen Schub aus der Hinterhand entwickeln. Anders als das klassisch ausgebildete Pferd trägt das Westernpferd seinen Kopf tief, damit der Reiter ein fliehendes Rind mit dem Lasso einfangen kann, ohne dabei die Ohren seines Pferdes zu berühren. Das Pferd muß auch mitdenken, sich auf unebenem Boden seinen Weg suchen, das Lasso stramm halten, wenn sein Reiter sich um das gefangene Rind kümmert, und es sollte im Dickicht versteckte Rinder entdecken. Das Westernpferd ist ein wirklicher Arbeitspartner.

Das Pferd auf den Fotos imitiert Rancharbeit. Sobald das Lasso geworfen ist und den Boden erreicht (oder sich um die Beine eines Rindes legt), stoppt das Pferd. Beachten Sie den hervorragenden Einsatz der Hinterbeine, die sein ganzes Gewicht aufnehmen, wenn es seinen Schwerpunkt nach hinten verlagert. Das Pferd wird nicht zurückgehalten – die Reiterin ist schon im Begriff, abzusitzen – sondern ist dazu ausgebildet worden, diesen Teil der Arbeit selbständig zu erledigen. Wenn

die Reiterin am Lasso ruckt, sie imitiert damit das sich wehrende Rind, geht das Pferd von alleine rückwärts, um das Seil weiterhin auf Spannung zu halten. Diese Teamarbeit, sie steht und fällt mit der Klugheit und Kooperationsbereitschaft des Pferdes, ist eine Augenweide. Die unglaubliche Wendigkeit eines Westernpferdes wird durch seine hervorragende Balance und kräftig bemuskelte Hinterhand ermöglicht.

Hat das Pferd erst einmal gelernt, auf leichteste Hilfen mit einem Bosal (S. 152) oder Trensengebiß zu reagieren, dann wird es auf Kandare ausgebildet (oder Hackamore), es lernt, bei schnellen Wendungen und Stopps im

Gleichgewicht zu bleiben. Viel Wert wird auf das Rückwärtsrichten gelegt, dabei soll das Pferd den Kopf tief halten, den Rücken wölben, die Kruppe senken und die Hinterbeine weit untertreten lassen. Das Pferd wird vor einer Hinterhandwendung rückwärtsgerichtet, nach einem Stopp oder auch aus einer langsamen Gangart heraus. Je besser das Pferd im Gleichgewicht steht, desto schneller wird das Tempo in der Arbeit. Auf einem schnell gehenden Pferd muß der Reiter sich oft am Sattelhorn festhalten, um bei den blitzschnellen Richtungsänderungen seines Pferdes nicht aus dem Sattel zu fliegen. Obwohl der Reiter sein Pferd ständig unter Kontrolle hat, ist es wegen

der losen Zügelführung und des geschmeidigen Sitzes seines Reiters in der Lage, sich ganz natürlich zu bewegen und kann auch eigene Entscheidungen treffen.

Wettbewerbe im Westernreiten umfassen Rodeodisziplinen wie Kalb-Roping, Team-Roping (zwei Reiter, einer wirft sein Lasso um den Kopf, der andere um die Hinterbeine eines Kalbes) und Barrel-Racing (Faßreiten); Cutting, man gewinnt den Eindruck, Pferd und Kalb tanzen Kopf an Kopf; Reitdisziplinen wie Western Pleasure oder Trail-Riding (langsames Reiten durch schwierige Hindernisse); Rasse-Prüfungen, die die Eignung der Pferde für die Rancharbeit testen; und das Reining, die temporeichen Dressurprüfungen des Westernreitens.

Der Western-Stil, lose Zügel und ein mitdenkendes Pferd, ist für viele Araber genau das richtige, obgleich, wenn man es sehr genau nimmt, die natürliche Kopfhaltung dieser Rasse für die Arbeit auf einer Ranch nicht ideal ist. Jedes nach Western-Art ausgebildete Pferd läßt sich auch europäisch reiten: Die unterschiedliche Ausrüstung führt zu einer anderen Haltung, Westernpferde reagieren auf leichteste Hilfen. Ein Westernpferd wird sich niemals auf das Gebiß legen.

Schnelle Stopps

Ein Westernpferd muß in der Lage sein, vom gestreckten Galopp unmittelbar in den Stand überzugehen. Dabei fußt es mit den Hinterbeinen weit unter seinen Körper und setzt sich fast hin. Ein solches Manöver auf trockenem, sandigem Boden führt zu den berühmten Sliding-Stops, die man in Reining-Wettbewerben sehen kann.

Der ideale Stopp ist aufrecht, gerade und endgültig. Das Pferd springt nicht, fällt nicht nach vorne oder zu einer Seite: Es setzt sich regelrecht hin. Wenn Sie sich noch einmal das reiterlos stoppende Pferd ansehen (S. 72), erkennen Sie, daß dies die natürliche Art des Haltens ist.

Trotzdem muß das Pferd sorgfältig ausgebildet werden, um diese Vorstellung geben zu können, denn es ist absolut notwendig, einen Stopp mit durchhängenden Zügeln zu reiten. Wenn Sie nämlich plötzlich am Zügel ziehen, reißt das Pferd den Kopf hoch. Dabei drückt es automatisch den Rücken weg, kann also seine Hinterbeine gar nicht mehr tief unter den Körper schieben. Da es sich nicht hinsetzen kann, hält es auch nicht sofort an. Nur mit der nötigen Kopffreiheit kann das Pferd die dramatischen Stopps und Wendungen ausführen, nur dann kann es seinen Körper ganz natürlich bewegen. Den Kopf hat das Pferd nur frei, wenn kein direkter Druck auf dem Gebiß ausgeübt wird. Von Anfang an wird daher das Pferd auf Gewicht und das Kommando »Ho!« trainiert. Diese Hilfen werden gegeben, *bevor* die Zügel eingesetzt werden. Nach und nach wird das Pferd erkennen, daß es keinen unangenehmen Druck im Maul oder auf der Nase verspürt, wenn es nur schnell genug reagiert. Wird es auf Kandare geritten, dieses Gebiß ist viel schärfer als ein Trensengebiß oder ein Bosal, wird es noch mehr bemüht sein, die Zügelhilfe zu vermeiden.

Die Grundlage vieler Lektionen des Westernreitens ist der Gehorsam des Pferdes auf Gewicht, Neck-Reining oder Stimme, bevor der Zügel einwirkt. Das aber kann nur durch intensives Training erreicht werden. Die zeitliche Abstimmung der Hilfen muß ganz präzise erfolgen, der Zügel wird immer erst zum Schluß eingesetzt. Alles wird zunächst in langsamer, ruhiger Arbeit erlernt und gefestigt, dann erst bei höherem Tempo ausgeführt; Belohnung und Lob lassen das Pferd schneller lernen. Wenn Sie schnelle Stopps reiten wollen, untersuchen Sie vorher sorgfältig den Boden. Da das Pferd seine Hinterbeine weit unter den Körper schiebt, können seine Fesselgelenke den Boden berühren, also vermeiden Sie harte oder steinige Stellen; spezielle Sliding-Boots sind sicherlich angebracht. Versuchen Sie aber einen schnellen Stopp erst, wenn das Pferd diese Lektion aus dem Schritt oder Trab absolut sicher beherrscht, sonst könnten Sie ihm wehtun und dadurch Spannung und Widerstand hervorrufen.

Da das Pferd im Stopp mit der Hinterhand sehr tief kommt, ist es leichter, abzusitzen, bevor es sich wieder ausbalanciert hat. Wenn Sie nicht absitzen, richten Sie das Pferd ein paar Tritte rückwärts, vor allem dann, wenn Sie mit Ihrem Pferd noch Roping-Disziplinen reiten möchten. Das Pferd wird dann das Lasso stramm halten, wenn Sie zu Ihrem Kalb eilen. Richten Sie das Pferd allerdings jedesmal rückwärts, wird es glauben, das gehöre zu einem Stopp dazu, also ändern Sie die Anforderungen.

Stopp aus dem Galopp am losen Zügel. Wie das Sprichwort sagt: »Es steckte nur den Schweif in den Boden und erstarrte zu einem Standbild«.

142

Der Roll-Back

Beim Roll-Back macht das Pferd aus dem Galopp eine 180°-Wendung auf der Hinterhand und galoppiert auf seiner eigenen Spur zurück.

Das hier abgebildete Pferd dreht sich aus dem Rechtsgalopp im Uhrzeigersinn. Es stoppt, dabei senkt sich die Kruppe, denn das Pferd verlagert sein Gewicht auf die weit untergeschobene Hinterhand und wirbelt nach rechts herum: Die Hinterhand trägt, die Vorhand dreht das Pferd. Es galoppiert, immer noch im Rechtsgalopp, auf seiner alten Spur zurück, wobei es mächtigen Schub entwickelt.

In der Praxis geht ein Roll-Back dermaßen schnell, daß man nicht, wie hier, die drei Elemente voneinander trennen kann, aus denen er besteht: ein Stopp, ein Pivot und schließlich eine Viertel-Pirouette im Galopp. Beachten Sie den Unterschied zwischen dieser Wendung und der schnellen Drehung (Seite 82): bei letzterer galoppiert das Pferd auf einer kleinen

Volte, beim Roll-Back dreht das Pferd auf der Stelle. Der Roll-Back um 180° wird in Wettbewerben verlangt, doch diese Art der Wendung wird bei der Rancharbeit sehr häufig geritten, denn das Pferd kann so die Richtung schneller ändern als beim Galoppieren einer Volte. Wenn Sie sich noch einmal die Abbildungen auf Seite 79 (unten rechts) oder Seite 96 betrachten, werden Sie feststellen, daß ein reiterloses Pferd einen Roll-Back zeigt, wenn es aus hohem Tempo wenden will.

Auch beim Roll-Back darf das Pferd den Kopf nicht hochreißen. Bevor Sie also mit dem Üben anfangen, müssen Sie Ihr Pferd mit losen

Zügeln stoppen können, dabei sollte das Pferd die Hinterhand weiter unterschieben. Nur dann kann es sein Vorderende herumwerfen. Üben Sie zunächst aus dem Schritt, aber galoppieren Sie nach der Wendung sofort an. Führt das Pferd den Pivot nicht korrekt aus, richten Sie vorher einige Tritte rückwärts, dadurch tritt es besser unter, es reicht auch, wenn es nur sein Gewicht nach hinten verlagert.

Am Anfang ist es sicher leichter, an einem Zaun entlangzureiten und dann den Roll-Back vom Zaun weg zu reiten. Das Pferd wird sich besser setzen, denn es will vermeiden, den Zaun zu berühren. Wirken Sie mit Ihrem Gewicht nach rückwärts-seitwärts ein, damit helfen Sie dem Pferd, sein Gewicht während des Pivots nach hinten zu verlagern; danach treiben Sie es in der nächst höheren Gangart vorwärts-seitwärts, dabei setzen Sie Ihren äußeren Schenkel hinter dem Gurt ein, um ein Ausfallen der Hinterhand zu verhindern. Das richtige Zusammenspiel Ihrer Hilfen müssen Sie selbst herausfinden, je flüssiger der Bewegungsablauf, desto besser ist der Roll-Back. Ihr Roll-Back wird nicht perfekt, indem Sie einfach nur aus dem Galopp eine scharfe Wendung reiten. Das Pferd muß den Roll-Back aus einer langsamen Gangart heraus perfekt können, bevor Sie das Tempo verschärfen. Soll das Pferd einen guten Pivot machen, muß es die Hinterbeine beim Stopp nebeneinander haben; es muß mit dem äußeren Vorderbein abdrücken und auf dem inneren landen; der Kopf muß tief sein, sonst kann es keinen großen Schritt machen. Man kann von einem Pferd nicht erwarten, diese Bewegungen aus einem langsamen oder gar schnellen Galopp heraus zu zeigen, wenn es sie nicht aus dem Schritt heraus beherrscht.

Achten Sie im Galopp darauf, auf welcher Hand Ihr Pferd geht, nur zu der Seite kann die Drehung erfolgen, denn die Verlagerung des Schwerpunktes erfolgt schon in die Richtung.

Der Spin

Jeder Schritt ist ein Pivot, das äußere Vorderbein wirft die Vorhand herum, während die Hinterbeine das Gewicht tragen: Beachten Sie die mächtig entwickelte Hinterhand-muskulatur.

Ein Spin ist eine vollständige 360°-Drehung. Vor und nach dem Spin befindet sich das Pferd im Galopp.

Diese Lektion gehört zu den spektakulärsten, die von einem gerittenen Pferd verlangt werden. Der Spin findet im Alltag keine Verwendung, er ist eine Demonstration dafür, wie ein Pferd am losen Zügel seine Kraft einsetzt und wie manövrierfähig es ist.

In einem guten Spin hält das Pferd seinen Kopf tief, denn dann kann es die Vorderbeine weit spreizen: Eine Abfolge erzwungener Hopser ist kein Spin. Der innere Hinterfuß des Pferdes bleibt stehen, er dreht sich auf dem normalerweise weichen, sandigen Untergrund. In diesem Detail unterscheidet sich der Spin von einer aus vollem Galopp gerittenen Pirouette, dort zeigt das Pferd mehr Aktion mit den Vorderbeinen, und die Hinterbeine bewegen sich ebenfalls im Galopprhythmus. Sie entwickeln den Spin aus mehreren Pivots. Nur ein hervorragend ausbalanciertes Pferd mit kräftigen Sprunggelenken kann leicht einen schnellen Spin ausführen. Wenn man ein Pferd auffordert, sich schneller zu drehen, als es seine körperlichen Voraussetzungen erlauben, wird es ihm wehtun und es wird sich widersetzen. Sogar ein Pferd, das diese Lektion beherrscht, wird sich wehren, wenn man sie zu oft fordert. Wie bei allen Lektionen mit höheren Schwierigkeitsgraden ist auch hier Geduld das beste Hilfsmittel des Ausbilders.

Beginnen Sie mit dem Spin in langsamem Tempo, dabei sorgen Sie dafür, daß das Pferd gut untertritt, so daß die Hinterhand sein Gewicht tragen kann. Je schneller Ihr Tempo wird, desto mehr müssen Sie auf den Untergrund achten, auf dem Sie trainieren. Der Hinterhuf muß sich drehen können, wenn das Pferd sich herumwirft; drückt sich der Huf ein, kann sich das Pferd das Fesselgelenk zerren.

*Der Bewegungsablauf
ist so schnell, daß
man kaum sehen
kann, was passiert.
Kopf und Kruppe des
Pferdes sind tief; das
Gewicht ist auf die
Hinterhand
verlagert.*

Die Zäumung: Trensengebisse

Was Sie Ihrem Pferd ins Maul schieben, beeinflußt die Art und Weise, wie es geht. Fürchtet es sich vor dem Gebiß, wird es sich nie frei und vertrauensvoll bewegen, und es kann eine ganze Reihe schrecklicher Unarten entwickeln, nur um seiner Pein und Furcht zu entfliehen. Kurz gesagt, je weicher das Gebiß und die Hand des Reiters sind, desto weniger wird das Pferd sich wehren.

In der Theorie wirkt ein Gebiß bei allen Pferden in der gleichen Art. In der Praxis stimmt das nicht, denn Pferdemäuler unterscheiden sich doch sehr in Form und Sensibilität. Scheint Ihr Pferd sich mit seinem Gebiß nicht wohlzufühlen, obwohl Sie sicher sind, daß Ihre Zügelhaltung weich und einfühlsam ist, dann probieren Sie doch einfach verschiedene Gebisse aus. Es gibt eine unglaubliche Vielfalt an Gebissen, aber sie lassen sich alle in zwei Kategorien einordnen: Trensen- und Kandarengebiß. Je dicker und leichter ein Gebiß ist, desto angenehmer ist es für das Pferd.

 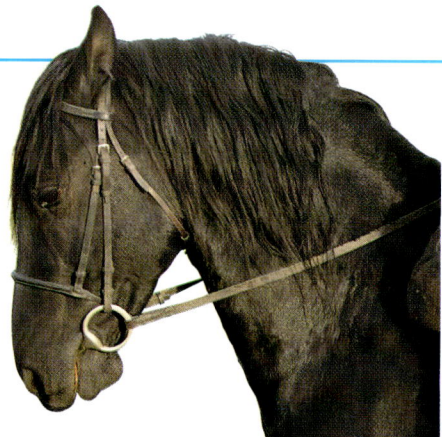

Der anstehende Zügel drückt das Gebiß auf die Laden und die Zunge. Das Pferd entspannt den Unterkiefer und nimmt die Nüstern näher an seine Brust, indem es im Genick abknickt. Stellen Sie sich neben Ihr Pferd, um sich zu vergewissern, daß es das auch wirklich macht.

Trensengebisse

Sie wirken im Maul des Pferdes. Das Gebiß liegt auf der Zunge des Pferdes, in der Lücke zwischen den Vorder- und den Backenzähnen, auf den »Laden«. Dieser Typ sollte sich den Maulwinkeln anschmiegen; ein gebrochenes Trensengebiß liegt etwas höher. Hängt es zu tief, wirkt es plötzlich und hart; das Pferd kann dann auch die Zunge über das Gebiß legen. Sitzt das Gebiß zu hoch oder ist es zu kurz, wird es die Lippenschleimhaut verletzen, ist es zu weit, reibt es an den Maulwinkeln.

Wenn Sie ein Pferd auftrensen, öffnen Sie das Maul, indem Sie Ihren Daumen in die Zahnlücke schieben. Drücken Sie hingegen das Gebiß mit Gewalt gegen seine Zähne, werden Sie das Pferd verletzen.

Dieses dicke Gummigebiß ist in seiner Wirkung am sanftesten, daher besonders gut geeignet für junge oder sehr maulempfindliche Pferde. Es ist ganz leicht gewölbt, so daß die Zunge des Pferdes nicht gedrückt wird. Achten Sie darauf, daß es nicht zu weich ist: Diese biegen sich so sehr, daß sie in den Maulwinkeln reiben. Knabbert das Pferd das Gummi an, nehmen Sie eins aus Nahte (härterer Kunststoff). Es biegt sich wenig, ist aber weich in der Wirkung, leicht und für das Pferd sehr angenehm.

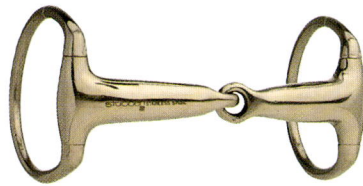

Ein gebrochenes Trensengebiß hat eine viel stärkere Wirkung: Falls Sie zu sehr mit den Zügeln einwirken, wirkt es auf die Laden wie ein Nußknacker, während das Gelenk gegen den Gaumen drückt. Dieses ist ein deutsches Olivenkopfgebiß: hohl, daher kann es an den Enden, wo es auf den Laden liegt, dick sein, ohne viel zu wiegen; Olivenkopf wegen der Form der Verbindungsstücke zwischen Gebiß und Ringen. Dieses ist die pferdefreundlichste Form der gebrochenen Trensengebisse.

Diese relativ scharfe Trense mit einem relativ dünnen Gebiß wird normalerweise in Rennen eingesetzt. Die Ringe können die Maulwinkel verletzen, daher werden häufig zum Schutz Gummischeiben aufgezogen.

Fügt man einem Pferd durch das Gebiß Schmerzen zu oder ignoriert es das Gebiß, macht es den Hals fest und wirft den Kopf nach vorwärts-aufwärts. Dadurch wird der Druck von den Laden genommen, also wird es nicht stoppen. Wenn Sie mit zu hoher Zügelführung reiten, verändern Sie den Winkel der Zügel und es passiert das gleiche.

Vielleicht haben Sie schon bemerkt, daß Springreiter, deren Pferde etwas heftig sind, ihre Hände besonders tief halten, um gerade das zu vermeiden. Auch benutzen sie ein laufendes Ringmartingal, ein Hilfszügel, der vom Bauchgurt zur Brust und von dort in zwei Ringen auf den Zügeln endet. Hebt das Pferd den Kopf, das muß es, wenn ein hoher Sprung angeritten wird, bewirkt das Martingal, daß Zügel und Gebiß weiterhin im richtigen Winkel einwirken.

Beim normalen Reiten sollten Sie kein Martingal benutzen. Die meisten Reiter, die dennoch eins einsetzen, haben eine so unruhige Hand, daß ihre Pferde praktisch pausenlos versuchen, der Zügeleinwirkung zu entgehen. Verbessern Sie Ihre Zügelführung, zwingen Sie nicht das Pferd, Schmerzen zu erdulden. Das Pferd kann auch den Unterkiefer zur Seite nehmen und mit den Zähnen das Gebiß festhalten, dann kann es nicht mehr wie ein Nußknacker wirken; oder aber es reißt das Maul auf, um den Druck vom Gaumen zu nehmen. Bei solchen Pferden wird dann häufig der Nasenriemen sehr eng geschnallt. Dadurch verhindert man zwar das Sperren, aber das Gebiß tut ihm immer noch weh, und es kann nicht den Unterkiefer entspannen und an das Gebiß herantreten. Kämpft ein Pferd konstant gegen das Gebiß an, dann sollten Sie a) sein Maul untersuchen lassen, ob sich vielleicht irgendwo Wolfszähne befinden, b) verschiedene Gebisse ausprobieren oder c) das Pferd korrigieren, sanft und geduldig, nach einem wohldurchdachten Ausbildungsplan in der Reitbahn, bis es aus eigenem Willen heraus das Gebiß akzeptiert. Sie werden bessere Ergebnisse erzielen, wenn Sie sich vor Ihr Pferd stellen und leicht mit den Zügeln spielen, dadurch ermuntern Sie das Pferd, sich zu entspannen und im Genick nachzugeben. Zur Unterstützung können Sie ihm eine Belohnung hinter das Kinn halten.

Kandarengebisse

Ein Kandarengebiß besteht aus zwei Seitenteilen (Schenkeln) und einem ungebrochenen Mundstück. Es wirkt mehr auf Kinn und Genick des Pferdes als auf sein Maul. Ein Riemen oder eine Kette liegt in der Kinngrube des Pferdes und verbindet die beiden Schenkel miteinander. Die Schenkel wirken als Hebel, sie spannen die Kette. Wegen der Hebelwirkung können sich die Pferde der Einwirkung des Kandarengebisses nicht so leicht entziehen, daher wird es von vielen Pferden mehr respektiert. Das heißt aber auch, daß sie nur von vorsichtigen Reitern mit einfühlsamen Händen benutzt werden dürfen. Ein Pferd, das auf Trense geht und hart angefaßt wird, kann lernen, dem Schmerz zu entfliehen, indem es Hals und Maul festmacht; mit einem Kandarengebiß kann es das nicht, vielleicht nimmt es dann Zuflucht zum Steigen oder Rückwärtsgehen. Wie die Trensengebisse unterscheiden sich auch Kandarengebisse in der Schärfe ihrer Einwirkung. Je länger die Hebel, desto schärfer ist die Wirkung. Je enger die Kette, desto schneller kommt sie zum Einsatz. Die Kinnkette kann gepolstert werden, dann wird ihre Wirkung gemildert.

Die Wirkung der Kandare. Werden die Zügel angenommen, bewegen sich die Hebel. Der obere Teil geht nach vorne, dadurch verstärkt sich der Druck des Zaumzeugs auf das Genick, das Pferd senkt den Kopf. Der untere Teil geht zurück, dadurch wird die Kinnkette gespannt; das Pferd knickt im Genick ab, um seine Nase näher an seine Brust zu bringen. Die Kette wird vor dem Einhängen ausgedreht, so daß die Glieder flach anliegen, sie wird so lang eingehängt, daß sie wirkt, wenn die Kandarenhebel in einem Winkel von 45° stehen.

Das Pelham hat zwei Zügel. Der obere wirkt direkt auf das Gebiß (hier mit Gummi überzogen), die Wirkung ist die einer leicht gebogenen Stange; der untere wirkt auf Kinn und Genick. Obgleich die Wirkung vom Trensen- und Kandarengebiß nicht so voneinander getrennt sind wie bei der doppelten Zäumung (rechts), kann diese Zäumung äußerst nützlich sein, denn das Mundstück selbst ist sehr pferdefreundlich.

Einige Pferde, wie dieses hier, mögen die Nußknackerwirkung des gebrochenen Trensengebisses nicht, vielleicht sind ihre Laden sehr empfindlich oder ihr Gaumen ist recht tief, so daß das Gelenk dagegenstößt. Ein solches Pferd reitet man am besten mit einer Gummistange. Doch ein leicht erregbares und temperamentvolles Pferd (dies ist ein Hengst, in Gesellschaft anderer Pferde reagiert er schon mal sehr emotionell) kann den Kopf heben, dadurch die Wirkung des Gebisses ausschalten und unkontrollierbar nach vorne springen. Mit diesem Pelham kann der Hengst so geritten werden, daß meistens nur das Gebiß wirkt; der Kandarenzügel wird nur dann eingesetzt, wenn er sich gegen das Gebiß wehrt, dann muß er den Kopf wieder herunternehmen. Das bedeutet allerdings, daß der Reiter zwei Zügel unabhängig voneinander einsetzen kann, das verlangt schon etwas Übung.

Das Pelham kann auch zu Korrekturzwecken eingesetzt werden, wenn ein Pferd sich auf das Trensengebiß legt oder nicht im Genick nachgeben will. Zuerst wird natürlich immer der Zügel benutzt, der zum Trensengebiß läuft; nur wenn das Pferd sich widersetzt, wird leicht mit dem Kandarenzügel gespielt. Es muß allerdings betont werden, daß die Verwendung eines Kandarengebisses die Probleme nur noch verstärkt, wenn Sie eine harte, unruhige Hand haben.

Kandarengebiß für die doppelte Zäumung. Der Bogen in der Mitte (Zungenfreiheit) läßt das Gebiß auf den Laden besser aufliegen. Das Kandarengebiß hat nur einen Zügel.

Eine doppelte Zäumung (oben) hat zwei Gebisse, eine dünne Unterlegtrense und eine Kandare, so daß der Kopf des Pferdes ganz exakt höher oder tiefer eingestellt werden kann. Diese Zäumung ist in den höheren Dressurprüfungen vorgeschrieben. Bei einfühlsamer Zügelführung geht jedes Pferd mit dieser doppelten Zäumung besser; eine harte Reiterhand versetzt allerdings ein Pferd mit dieser Zäumung in Panik, denn die Unterlegtrense ist notwendigerweise sehr dünn.

Die Unterlegtrense liegt oberhalb des Kandarengebisses. Die Zügel werden getrennt angefaßt, wie oben gezeigt. Ein Zügel läuft zwischen dem Mittel- und Ringfinger entlang; der andere zwischen dem Ring- und dem kleinen Finger. Soll der untere Zügel in besonderem Maße eingesetzt werden, kann man ihn auch unterhalb des kleinen Fingers entlangführen.

Bei einigen Reitern liegt der Kandarenzügel oben, wie hier zu sehen. Dieser Zügel sollte minimal durchhängen, eigentlich soll er das Pferd nur daran erinnern, durchs Genick zu treten. Der Trensenzügel wird z. B. als offener Zügel eingesetzt. Bei anderen Reitern liegt der Trensenzügel oben, sie spielen mit dem Kandarenzügel nur, wenn es notwendig erscheint. Die zuletzt erwähnte Zügelführung kommt meistens dann zum Einsatz, wenn die Kandare zu Korrekturzwecken verwendet wird. Und dann gibt es noch die einhändige (3:1) Zügelführung, häufig von Reitern der Spanischen Hofreitschule gezeigt, dabei werden beide Stangenzügel und ein Trensenzügel in der einen, der andere Trensenzügel in der anderen Hand gehalten.

Western-Kandare (Grazing Bit). Die Kette wird durch einen weicheren Riemen ersetzt, und die Schenkel sind zurückgebogen, so daß das Pferd mit dem Gebiß grasen kann. Es gibt nur einen Zügel, aber er wird selten direkt eingesetzt; die Zügel hängen eigentlich immer durch.

Gebißlose Zäumungen

Schon seit jeher werden im Western-Reiten, Doma andaluz und in verwandten Sparten gebißlose Zäumungen benutzt. Auch diese unterscheiden sich im Schärfegrad, sie reichen von ausgesprochen pferdefreundlich bis hin zu reinen Marterinstrumenten (letztere werden hier nicht gezeigt). Besonders gut geeignet sind die gebißlosen Zäumungen für Pferde, die im Maul verletzt oder sehr empfindlich sind oder die Zahnprobleme haben bzw. Veränderungen am Kiefer. Letzteres trifft bei vielen Arabern zu, sie haben oft sehr große Zungen, enge Kiefer und sind darüber hinaus auch noch überaus empfindlich, diese Faktoren können das Reiten mit dem Gebiß zu einem Problem werden lassen. Wenn ein Pferd sich fürchtet, nimmt es den Kopf hoch, preßt die Lippen aufeinander und spannt die Halsmuskulatur an. In dieser Haltung reagiert es nicht auf leichte Hilfen. Hat es Angst davor, daß Sie ihm im Maul wehtun, wird das Entfernen des Gebißstückes auch seine Spannung verschwinden lassen, dadurch kann sich das Verhalten eines Pferdes in bemerkenswerter Weise verändern. Die Kette des Hackamores holt den Kopf des Pferdes leichter herunter, und das Pferd gibt eher im Genick nach, die Haltung des Pferdes verbessert sich. Denken Sie daran, daß die Ursache der Probleme zuerst immer in einem zu harten Einsatz des Gebisses zu suchen ist: Ein Pferd, das immer mit leichter Hand, also einfühlsam, geritten worden ist, nimmt das Gebiß gerne an.

Ein Bosal oder Hackamore darf nicht zu tief auf der Nase eines Pferdes hängen, sonst könnte der untere Teil des Nasenbeins verletzt werden. Reiten Sie mit Hackamore, können Sie nicht konstant Zug ausüben und der offene Zügel zeigt hier wenig Wirkung: Sie müssen Ihr Gewicht, Ihre Beine und den indirekten Zügel einsetzen oder Sie gehen gleich zur Technik des Neck-Reining über. Ihren Reitstil können Sie so verbessern, denn Sie werden immer unabhängiger von Ihrer Hand. Doch ein Pferd, das bisher mehr oder weniger lasch mit Trense geritten worden ist, muß umtrainiert werden.

Sie können eine gebißlose Zäumung improvisieren, wenn Sie mit einem Halfter reiten oder die Zügel in ein hannoversches Reithalfter schnallen, das Sie etwas höher setzen und polstern (s. S. 68). Wenn Sie der Meinung sind, eine Kette zu brauchen, ziehen Sie einen Riemen durch die Ringe des Reithalfters und befestigen die Zügel daran. So kann man hervorra-

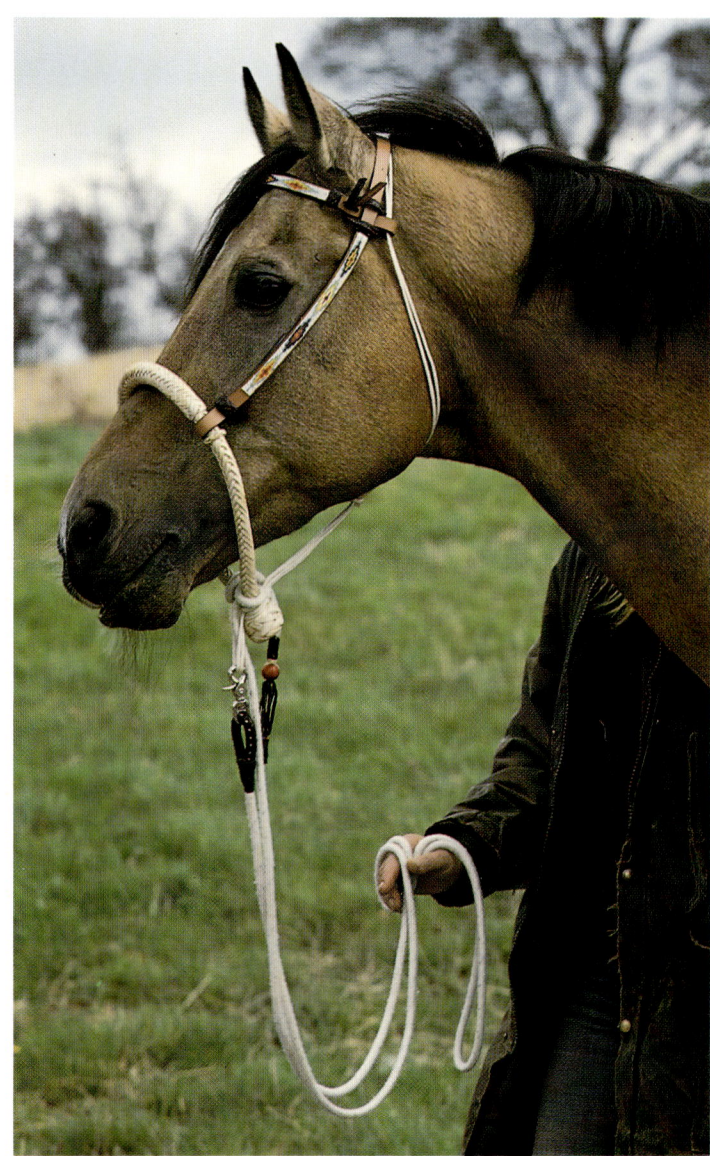

gend junge Pferde anreiten, auch ein Kind oder ein Anfänger kann so auf einem maulempfindlichen Pferd mit dem Reiten beginnen. Ein Bosal (oben) ist eine Schlinge aus ungegerbter Haut. Es wird vor allem zur Ausbildung eines Westernpferdes eingesetzt, aber ein umgängliches, feinfühliges Pferd wird sein Leben lang mit einem Bosal problemlos zu reiten sein. Wie tief es nach unten hängt, wird von der

Länge der Schnur, die als Kehlriemen dient, bestimmt und von dem Gewicht des Knotens auf der Rückseite. Da beide Zügel dort ansetzen, kann der offene Zügel nicht eingesetzt werden.

Das Western-Hackamore (links) hat eine Kinnkette, der Zügel wirkt durch Druck auf Nase und Kinn des Pferdes, das Pferd tritt durchs Genick. Da sich das obere Ende der Hebel dreht, wirkt zunächst nur die Kinnkette. Pullt ein Pferd immer mehr, wird auf seine Nase und sein Kinn mehr und mehr Druck ausgeübt. Es ist herrlich, ein Pferd zu reiten, das gut auf Hackamore ausgebildet worden ist, denn es ist hervorragend ausbalanciert. Es reagiert auf leiseste Hilfen und zeigt alle Lektionen der höheren Dressur am losen Zügel. Allerdings dürfen Sie auf Turnieren Dressurprüfungen nicht mit einer gebißlosen Zäumung reiten. Das hat weniger damit zu tun, ob es geht oder nicht, sondern hängt eher mit Tradition zusammen.

Das europäische Hackamore (unten) ist wesentlich schärfer. Das Ende des Schenkels dreht sich, dabei wird Druck auf das Genick ausgeübt, auf die Nase, und gleichzeitig wirkt auch noch die Kinnkette. Damit kann man sogar ein mächtiges, feuriges Pferd stoppen.

Nasenriemen und andere Hilfsmittel

Nimmt ein Pferd das Gebiß an, entspannt es seinen Unterkiefer, manchmal so sehr, daß das Maul offen ist und das Pferd sabbert. Ein Pferd öffnet allerdings auch dann sein Maul, wenn es sich gegen ein gebrochenes Gebiß wehrt. Um dem Nußknackereffekt zu entgehen, schiebt es den Unterkiefer zu einer Seite. Leider verwechseln einige Reiter diese beiden Reaktionen ihres Pferdes, sie glauben, ein offenes Maul deutet immer auf Widerstand hin und binden dem Pferd mit Riemen aller Art das Maul zu. Dadurch wird natürlich verhindert, daß das Pferd sein Gebiß wirklich annimmt.

Ursprünglich wurde am englischen Nasenband das stehende Martingal befestigt, ein Riemen, der zum Bauchgurt läuft und verhindert, daß das Pferd den Kopf zu hoch nehmen kann.

Andere Hilfsmittel, die auf die Nase des Pferdes einwirken, zeigen meist eine paradoxe Wirkung, denn sie rufen häufig nur noch mehr Spannung hervor, führen aber nicht dazu, daß das Pferd sein Gebiß annimmt. Es gibt keinen Ersatz für geduldige Korrektur, weiche Zügelführung und viel Verständnis.

Zusammenarbeit

Was auch immer Sie mit Ihrem Pferd machen wollen, sei es, daß Sie die Olympischen Spiele gewinnen, einen Kontinent durchqueren oder einfach nur Spaß haben wollen, Sie werden merken, daß diese Prinzipien immer gelten. Nur ein Pferd, das frei vorwärtsgeht, kann Schub aus der Hinterhand entwickeln; nur wenn das Pferd Schub entwickelt, kann es sich ausbalancieren; nur wenn das Pferd ausbalanciert ist, geht es leichtfüßig und reagiert auf kleinste Hilfen.

Sie haben sicher auch bemerkt, daß ein Pferd nicht reagieren kann oder will, wenn es verspannt ist oder sich nicht wohlfühlt. Das Pferd ist keine Maschine, sondern ein lebendes, fühlendes Wesen, dessen Empfindungen genauso stark sind wie unsere, nur logisch denken, das kann ein Pferd nicht. Seine Sprache ist vielfältig und ausdrucksstark, und es wird Ihnen viel über seinen seelischen Zustand verraten, wenn Sie es lernen, zuzuhören und zu beobachten. Der wirkliche Pferdefreund kümmert sich auch darum, daß sein Pferd sich in einem guten physischen und psychischen Zustand befindet, daß ihm Unterbringung und Fütterung zusagen und daß ihm nichts wehtut. Es ist auch unvermeidlich, daß Sie darüber nachdenken, wie Sie Ihrem Pferd beibringen, was es machen soll. Das Pferd verfügt bei der Geburt nicht über irgendein mysteriöses Wissen darüber, wie es sich beim Reiten verhalten soll. Was das Pferd instinktiv weiß, das hängt mit dem Herden- und dem Fluchttrieb (vor Wölfen) zusammen. Das Pferd hat keine Vorstellung von Gehorsam und Ungehorsam, für ihn ist auch keineswegs von Natur aus Ihr Wort Gesetz. Es *reagiert*. Wenn Sie Ihr Pferd auffordern, sich zu bewegen, und es bereitet ihm Wohlbehagen, dann wird es das gerne wiederholen. Bereitet es ihm hingegen Unbehagen, versucht das Pferd etwas anderes. Wenn nichts richtig zu sein scheint, versucht das Pferd zu fliehen. Beobachten Sie schlecht gerittene Pferde, und Sie werden erkennen, daß diese Pferde fast ihre gesamte Energie darauf verwenden, ihrem Reiter zu entkommen oder zumindestens ihn zu ignorieren.

Das bedeutet, daß eine Belohnung (eine kurze Pause ist auch schon eine Belohnung) und Lob die wirksamsten Trainingsmethoden sind. Wenn Sie also von Ihrem Pferd etwas fordern, dann dürfen weder Spannung noch Schmerz noch Furcht beim Pferd aufkommen. Zeigt das Pferd erste Reaktionen, müssen Sie es loben und bestärken: machen Sie eine kurze Pause; und wiederholen Sie die Lektion. Ein paar Wochen lang wiederholen Sie diese Lektion alle paar Tage; danach wird das Pferd sie nicht mehr vergessen.

Reagiert Ihr Pferd allerdings gar nicht, dann müssen Sie sich fragen, warum. Ist es physisch fit genug? Geschmeidig genug? Fühlt es sich wohl? Geben Sie Ihre Hilfen ruhig und exakt, so daß Ihr Pferd Sie auch verstehen kann? Oder ignoriert Ihr Pferd Sie ganz einfach? Falls das der Fall ist, dann müssen Sie hartnäckig bleiben, sanft aber stetig die Hilfen wiederholen, bis es erkennt, daß es erst wieder seine Ruhe haben wird, wenn es gehorcht.

Bestrafung und Schmerzen sollten in der Ausbildung keine Rolle spielen, außer gelegentlich, wenn ein junges Pferd beißt. Spürt ein Pferd, wenn es Sie beißt, Schmerzen, wird es das nicht noch einmal machen. Ein Pferd verbindet die Strafe aber immer mit dem, was es gerade im Moment macht, nicht mit dem, was es zwei Sekunden vorher gemacht hat. Sind Sie nicht schnell genug, werden Sie das Pferd nur verärgern und verwirren. Viel zu viele Pferde sind von ihren herrischen, jähzornigen Reitern verdorben worden, z.T. auch aus Unkenntnis. Wenn Sie ein Pferd schlagen, nur weil es einen Sprung verweigert, können Sie es so terrorisieren, daß es in seinem Fluchtbestreben den Sprung nimmt, aber gleichzeitig lernt das Pferd, Springen und alles, was dazugehört, zu hassen, dazu gehört dann auch der Reiter auf seinem Rücken.

Lassen Sie sich bei der Ausbildung Zeit. Ein Pferd braucht Zeit, Neues zu verarbeiten und das Gelernte zu verinnerlichen. Manchmal muß man ihm auch mehr Zeit lassen, Muskulatur aufzubauen, geschmeidig zu werden und Temperament zu entwickeln. Seien Sie geduldig. Stecken Sie Ihre Ziele hoch, aber seien Sie mit jedem Schritt in die richtige Richtung zufrieden. Ihre Geduld wird sich bezahlt machen, denn Ihr Pferd wird immer freudiger seine Arbeit machen und sich immer mehr für Ihre drolligen Ideen interessieren. Das ist wahre Partnerschaft, was auch immer Sie reiten. Xenophon sagte: »Das sind die Pferde, auf denen Götter und Helden reiten.« Wahre Pferdefreunde haben nie aufgehört, sich darüber zu wundern, und dafür im höchsten Maße dankbar zu sein, daß sie das Privileg haben, so eng mit einer anderen Kreatur zusammenarbeiten zu dürfen. Ihre Einstellung machte sie bescheiden, nachdenklich und beglückt. Wenn das auch die Ihre ist, dann werden auch Sie gut reiten.

Glossar

Die Verwendung vieler Fachausdrükke wurde in diesem Buch bewußt vermieden, denn sie werden häufig nicht korrekt verwendet und sind daher recht schwammig in ihrer Bedeutung. Nachfolgend finden Sie hier verwendete Fachausdrücke:

Aktivieren der Hinterhand. Das Pferd senkt die Kruppe und bringt die Hinterbeine weit unter den Körper, es kann mehr Schub entwickeln.

Am Zügel. Bereitschaft des Pferdes, auf die kleinste Veränderung der Zügelhaltung zu reagieren, da es im Gleichgewicht steht und sich selbst trägt (s. u.). Es heißt nicht, daß das Pferd sich auf das Gebiß legt, es ist »am Zügel« wie Sie »am Telefon« sind.

Europäisches Reiten. Beschreibt den klassischen Reitstil, im Gegensatz zum Westernreiten, wird in den Vereinigten Staaten häufig auch »Englischer Stil« genannt.

Fühlung. Verbindung zwischen Reiterhand und Pferdemaul über die Zügel. Das Pferd trägt sich selbst, der Reiter hat nur das Gewicht der Zügel in der Hand, das Pferd sollte die Tritte verlängern, wenn die Reiterhand vorgeht. Macht das Pferd es nicht, steht es »hinter dem Zügel« (s. S. 106).

Haltung. Verlauf der Oberlinie eines Pferdes, von den Nüstern bis zum Schweif. Konzentriert man sich zu sehr auf die Oberlinie eines Pferdes, achtet man mehr auf die Kopfhaltung statt auf das gesamte Pferd; Sie müssen Ihre Aufmerksamkeit auf Kruppe, Rücken und Hinterbeine eines Pferdes richten. Pferde tragen ihre Köpfe in Abhängigkeit von ihrem Körperbau zu der vollendeter Versammlung in unterschiedlichen Positionen.

Hinter dem Zügel. Die Stirnlinie des Pferdes befindet sich hinter der Senkrechten, das Pferd tritt nicht durchs Genick, sondern biegt den gesamten Hals. Ein Pferd, das im Genick abknickt, kann den Rücken wölben, ein Pferd, das den ganzen Hals biegt, kann es nicht. Tritt z. B. bei zu starkem Einsatz der Kinnkette auf (s. S. 106).

Impuls. Schub nach vorn durch eine aktive Hinterhand; Bereitschaft, gespeicherte Energie sofort in Bewegung umzusetzen. Ein Pferd kann auch im Stand Impuls nach vorne zeigen.

Kadenz. Die Tritte werden kürzer und erhabener, die Schwebephase (s. u.) wird verlängert, das Pferd scheint wirklich in der Luft zu schweben. Kadenz ohne Rhythmus ist undenkbar, aber Rhythmus ohne Kadenz kann man häufig beobachten.

Rhythmus. Gleichmäßiger Rhythmus ist eine Voraussetzung für höhere Ausbildungsstufen: in allen Tempi wird der gleiche Rhythmus beibehalten.

Schub. Das Pferd kann seinen vollen Schub nur dann entfalten, wenn es im Gleichgewicht steht (s. Das Vierte Prinzip S. 96 – 146).

Schwebephase. Moment, in dem das Pferd alle Füße in der Luft hat, länger in den verstärkten Gangarten.

Schwerpunkt. Im Schwerpunkt ist ein Körper zu allen Seiten hin ausbalanciert. Der Schwerpunkt eines Pferdes bewegt sich vor und zurück, je nach Haltung. Hier wurde von »Wippe« gesprochen, die sich, je nach Belastung, am vorderen oder hinteren Ende neigt.

Seitengänge. Bewegungen, in denen die Hinterbeine des Pferdes nicht seinen Vorderbeinen folgen, z. B. Schulterherein.

Selbsthaltung. Ein Pferd steht im Gleichgewicht, ohne sich auf die Zügel zu legen.

Tempo. Vorgeschriebene Geschwindigkeit auf einer festgelegten Strecke. In den Verstärkungen nimmt das Tempo zu, der Rhythmus sollte unverändert bleiben.

Tiefer Sitz. Im tiefsten Punkt des Sattels sitzen und dabei die Beine weit um das Pferd herumlegen und entspannen. Manchmal bedeutet »tief sitzen« »Kreuz anspannen«.

Versammlung. Der Schwerpunkt des Pferdes verlagert sich nach hinten; das Pferd trägt mehr Gewicht mit der Hinterhand; der Rücken wölbt und verkürzt sich; die Kruppe senkt sich; das Pferd schiebt die Hinterbeine weiter unter den Körper, sie sind enger zusammen und mehr gewinkelt; das Pferd zeigt vermehrte Aufrichtung und tritt durchs Genick. In den versammelten Gangarten sollten keine Anzeichen von Spannung oder Widerstand zu sehen sein; Versammlung bedeutet Elastizität und Gehorsam; Kadenz (s. o.); Schub nach vorne.

Verstärkungen. Verlängerte Tritte bei stärkerer Hinterhandaktivität. Ein einfaches Verlängern der Tritte ist kein Verstärken.

Zentraler Sitz. Bezeichnung für den Sitz, in dem der Reiter seine Steigbügel gerade so verschnallt, daß er sich eben aus dem Sattel heben kann. In den Vereinigten Staaten wird auch »full«-Sitz gesagt.

Zitate

François Baucher, *Méthode d'Equitation*, 1842; Federico Caprilli, *Per l'Equitazione di Campagna*, 1901; Alexis l'Hotte, *Questions Équestres*, 1906; Duke of Newcastle, *General System of Horsemanship*, 1743; Nuno d'Oliveira, *Reflections on Equestrian Art*, 1964; Antoine Pluvinel, *Le Manège du Roi*, 1625; Xenophon, *On Horsemanship*, 4. Jahrh. v. Chr., Neuauflage 1987.

Register

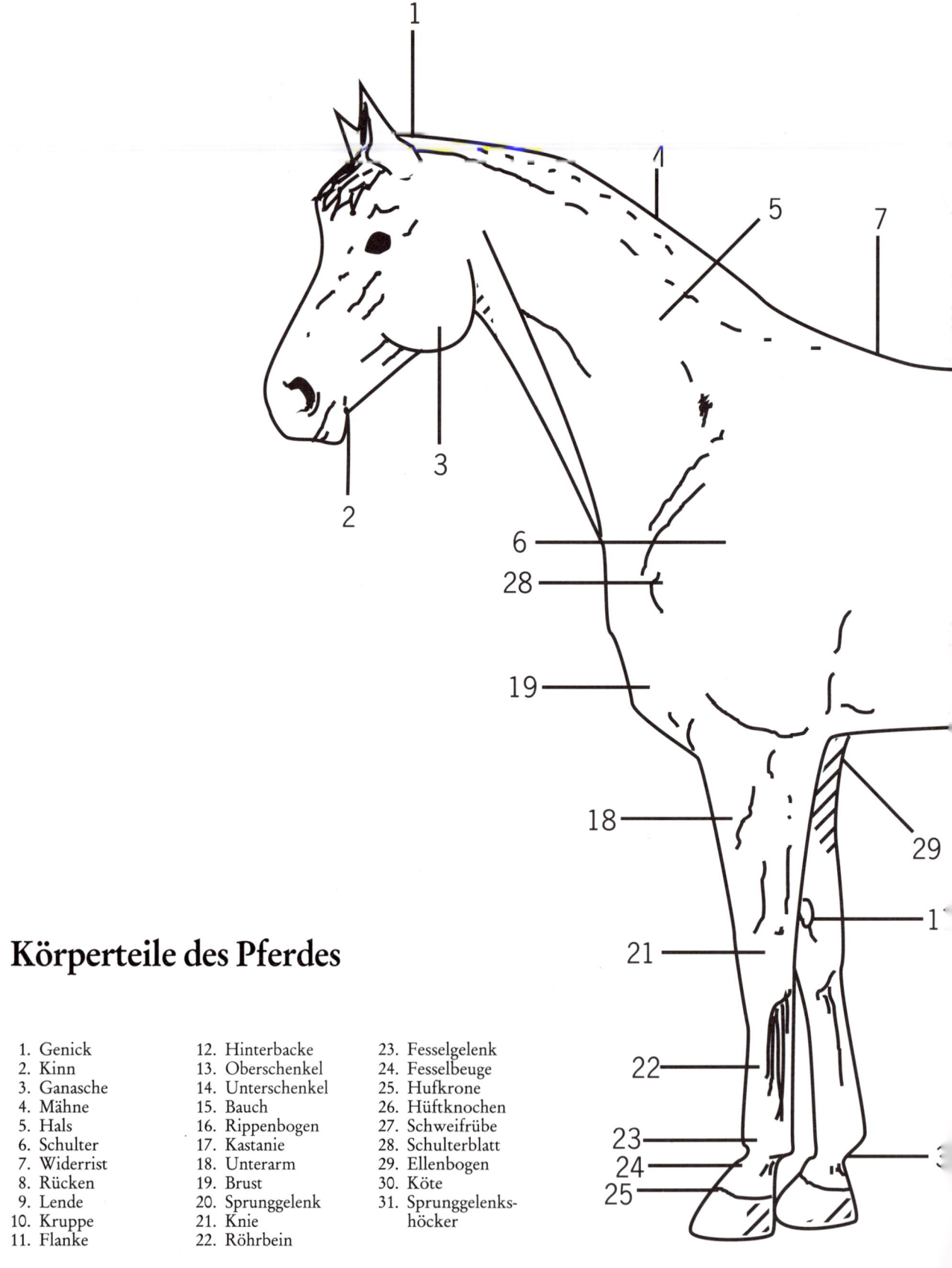

Körperteile des Pferdes

1. Genick
2. Kinn
3. Ganasche
4. Mähne
5. Hals
6. Schulter
7. Widerrist
8. Rücken
9. Lende
10. Kruppe
11. Flanke
12. Hinterbacke
13. Oberschenkel
14. Unterschenkel
15. Bauch
16. Rippenbogen
17. Kastanie
18. Unterarm
19. Brust
20. Sprunggelenk
21. Knie
22. Röhrbein
23. Fesselgelenk
24. Fesselbeuge
25. Hufkrone
26. Hüftknochen
27. Schweifrübe
28. Schulterblatt
29. Ellenbogen
30. Köte
31. Sprunggelenks-
    höcker